KB272523

저품질 블로그에서 탈출하기

핵심 블로그 마케팅

초판 1쇄 인쇄　2016년 6월 20일
초판 1쇄 발행　2016년 6월 24일

저자 이영호
펴낸이 박찬익　**편집장** 권이준
펴낸곳 패러다임북　**주소** 서울시 동대문구 천호대로 16가길 4
전화 02) 922-1192~3　**팩스** 02) 928-4683
홈페이지 www.pjbook.com　**이메일** pijbook@naver.com
등록 2014년 8월 22일　제305-2014-000028호
디자인 Design maru (02) 3144-2581

ISBN　979-11-955480-5-7 (13320)

★ 패러다임북은 ㈜박이정출판사의 임프린트입니다.
★ 책값은 뒤표지에 있습니다.

저품질 블로그에서 탈출하기

이영호 지음

패러다임북

시작하며

　얼마 전 TV방송국에서 근무하는 PD가 푸념 섞인 이야기를 꺼냈다. 요즘 이상하게 TV 시청시간이 줄어든다는 얘기였다. 사람들이 TV를 빨리 끄는데 그 이유를 모르겠다고 했다. 방송국에선 각 프로그램들마다 시청률 조사를 해서 방송이 된 후 늦어도 다음 날 아침까진 1분 시청률, 1일 시청률, 최고 시청률을 조사하는데 매번 눈에 띄는 수치 하나가 TV전원이 꺼지는 시간이 점점 빨라진다는 이야기였다. 이게 무슨 일일까?

　사람들이 TV를 안 보고 신문을 안 읽기 시작했다.

　지하철이고 버스, 길거리, 카페 등 사람들이 머무는 곳이나 지나다니는 곳에서도 저마다 손에 든 스마트폰에 푹 빠져 있는 모습이 더 이상 낯설지 않은 풍경이다. 이런 상황에서 사람들이 TV를 안 본다고, 신문을 안 읽는다고 그 이유를 모르겠다는 이야기는 트렌드에 뒤처져도 한참 뒤처진 사람이라는 인증 밖에 안 된다. 이젠 전통적인 광고미디어가 효력을 잃고 새로운 미디가 등장하는 시대에서 시청률이나 독자 수에 집착할 시기가 아니라는 뜻이다.

　아니다! 시청률은 전보다 낮아졌다 뿐이지 그래도 주말드라마 시청률은 잘하면 30%도 넘는다?

　사람들은 오로지 콘텐츠에 집중할 뿐이지 정보 매개체로서 TV와 신문을 신뢰하지 않는다는 얘기를 잘못 들은 경우다. 그나마 TV뉴스를 시청해주고 신문을 읽는 사람들은 50대 이후의 중장년층일 뿐인데 이들은 그들이 살아온 사회에서 새로운 미디어의 등장을 달갑지 않아한다는 공통점이 있다. 세상 살만큼 살았다고 생각하면서 무언가 새로운 것에 도전하기보다는

기존의 것에 익숙해서 살아온 대로 살아가려는 마음이 강한 이유다. 이 세대에서 TV시청률을 유지해주고 신문을 읽어주며 향수에 젖을 뿐이다.

20~40대는 다르다. 여전히 새로운 것에 목말라하고 즐긴다.

사회의 주소비자층인 청장년층은 다르다. 현재의 40대는 1990년대에 X세대로 불리던 신세대였고 지금의 30대는 인터넷 세대이며 현재의 20대는 모바일 세대다. 40대 중반의 사람들이 찢어진 청바지를 입고 다니며 미니스커트와 캠핑을 즐기는 풍조가 전혀 이상한 게 아닌 시대다. 30대 초반의 나이에도 결혼이 늦었다고 생각하지 않으며 결혼이란 마음먹기에 따라 언제든 할 수 있는 거라고 생각하는 사람들이다.

이들에게 기존의 정보미디어인 TV와 신문은 구세대의 유물일 뿐이다. 이들은 그동안 기득권자들이 어떻게 정보를 가공하고 그들 입맛에만 맞게 걸러냈는지 속속들이 파악한 뒤다. 이들은 스마트폰에서 만나는 친구들에게 얻는 정보를 신뢰하고 인터넷 검색결과에 나오는 모니터상의 활자에 더 친근감을 갖는다. 그래서 TV광고, 신문 뉴스, 전단지에 담긴 광고는 전혀 효과가 없지만 스마트폰에서 검색하는 블로그에 소개된 맛집은 신뢰를 얻고 카카오톡과 페이스북에 공유된 정보는 무한 신뢰를 보낸다.

최소한 이들의 생각엔 내가 속은 거라면 친구도 속았다는 공통분모가 생긴 덕이다. 속아도 나중에 서로 낄낄거리면 그뿐이란 심리도 작용한다. 어차피 '호갱님' 되는 건 순간의 선택의 잘못이고 그 책임은 '낚였다'는 사람들이 짜증 한 번 내면 그뿐이란 생각을 한다. 그나마 다행인 건 나만 당한 게 아니라는 게 보상심리로 작용한다. 인터넷 카페에 회원가입 해주는 걸 굉장한 선심 쓰는 걸로 여기며 광고메일 한 번 받아주는 걸 호의로 생각하는 시대다. 인터넷이란 게 정보미디어가 아니라 사람들의 커뮤니티라고 여기는 흐름이다.

그럼 이제부터 이들을 상대하는 온라인마케팅은 어떻게 해야 할까?

우선 지금까지 당신은 어떤 온라인마케팅을 했는가 알아보자. 인터넷이라는 미디어의 등장으로 사람들이 신기하다고 여길 땐 어떤 광고를 하든지 제대로 먹혔다. 검색결과에 짜고 친 노출 순위가 광고효과로 직결되었고 인터넷쇼핑몰에 사용후기가 실제 사용자들이 올린 걸로 여겨지기도 했다. 온라인서점의 베스트셀러 순위가 실제 독자들이 구매한 책이라고 여겨졌다. 오픈마켓의 파워판매자는 자기 물건 자기가 되사서 올릴 수 있는 등급이란 걸 생각하지도 못했다. 그만큼 사람들은 순진했고 온라인마케팅은 땅 짚고 헤엄치기보다 더 쉬웠다. 이 글을 읽으며 미소를 짓는 사람은 당신도 예전엔 그랬다는 이야기다.

하지만 요즘엔 달라졌다.

온라인쇼핑몰 상품 사용 후기는 돈 받고 올리는 가짜가 많다는 걸 알고, 블로그에 상품 정보나 맛집 이야기도 홍보용 기사라는 걸 다 아는 사람들이다. 온·오프라인 서점 베스트셀러 순위는 사재기로 만든다는 걸 모르는 사람이 없고 은행 개인정보도 털리는 세상에서 친구의 이야기도 믿지 않는 시대가 되었다. 그래서 사람들은 이제 '믿고 싶은 것만 믿는다'고 해야 한다. 이 말은 세상의 모든 걸 안 믿으며 오로지 자기가 속은 후에도 뒷감당할 수 있을 정도로 믿고 싶은 것만 믿는 사람들이 되었다는 의미다.

문제는 정직한 기업과 좋은 상품이다.

세상의 거짓말에 '진실'마저 도매급으로 넘어가는 현실이 될 수는 없기에 이 책이 나오게 되었다. 지금까지의 온라인마케팅에서 사람들의 착각, 사람들의 신뢰를 파고든 교묘한 마케팅들이 활개 쳤다면 지금부턴 진실 마케팅으로 승부할 때다. 사람들은 세상의 가짜에 냉소를 보내고 이제부턴 '숨은 실력자', '멘탈갑', '성지', '진정한 고수'들만 신뢰하게 되었기 때문이다.

드러내지 않고 조용하게 자기 실력을 공유하는 사람, 온갖 어려움에도 굴하지 않는 정신무장을 갖춘 사람, 세상을 미리 예견하고 통계적으로 풀어낸 사람, 가짜 실력이 아닌 진짜 실력으로 고수의 위치에 오른 사람들만이 인정받는 시대다. 그런 상품들만 소비되는 시대다. 그래서 지금이야말로 온라인마케팅의 방향이 확 바뀌어야 하는 시대가 되었다.

그러니까 기억하자. 온라인마케팅의 7가지 성공 키워드는 FUN(재미), LIKE(좋아요), APPROVE(승인), BLOCK(차단), REPLY(댓글), SHARE(공유), HAND(손바닥)이다. 그리고 이 모든 키워드가 온·오프라인에서 끈끈하게 엮여 있다. 어느 것 하나라도 단독으로 사용할 수 없고 모든 게 섞여야 한다. 네이버 블로그, 페이스북, 카카오톡, 트위터를 중심으로 성공하는 온라인마케팅의 7가지 키워드를 이 책에서 배우도록 하자.

contents

I

핵심 온라인마케팅_
성공 마케팅을 부르는 7가지 키워드

성공 마케팅을 부르는 7가지 키워드

2016년 온라인마케팅의 7가지 성공 키워드는 FUN(재미), LIKE(좋아요), APPROVE(승인), BLOCK(차단), REPLY(댓글), SHARE(공유), HAND(손바닥)으로 통한다. 블로그, 카카오톡, 페이스북, 트위터를 통해 온라인 세상과 오프라인 세상의 대부분의 소통이 이뤄지는 요즘 여기 소개된 7가지 핵심 키워드를 모르면 마케팅이 이뤄질 수 없다. 예전에 사용하던 방식으론 제대로 먹히지 않는다. 소비자의 트렌드가 변한 상황에선 소비자의 요구에 맞춰 마케팅도 변해야 한다.

생각해보자. 1970~80년대 마케팅이란 브랜드 일색이었다. 인터넷 문화가 없던 시절엔 유통의 기득권을 쥔 사람들이 뿌리는 대로 모든 열매를 거둬들였다. 요즘의 인터넷의 역할을 대신했던 경우다. TV나 신문에서 광고를 하면 사람들이 줄을 섰다. 외국에서 인기 있다 싶으면 사람들이 지갑을 열었다. 그만큼 정보가 한정되었고 사람들이 가공해준 정보를 속수무책으로 받아들이기에 바빴던 사람들이다.

하지만 1990년대에 오면서 컴퓨터가 등장하고 인터넷이 시작되면서 사람들 인식이 달라졌다. PC통신으로 촉발된 문자 대화가 사람들의 인식을 바꿔 놨다. 우리들의 대화라는 건 입으로만 하는 게 아니라 손가락으로도 할 수 있다는 신세계가 열리면서 조용히 대화하고 손가락을 바쁘게 움직이는 사람들이 폭증했다. 밤새도록 손가락 대화에 몰입하던 사람들이었다. 이 순간부터 세대 간의 단절이 일어났다.

기성세대는 자기 방에서 문 잠그고 손가락으로만 뚝딱거리는 자녀들을 보며 공부 열심히 한다고 생각했고, 자녀들은 부모 모르게 친구들과의 손가락 통신을 이어나갔다. 밤새도록 수다를 떨어도 정작 다른 사람들은 전혀 알아채지 못하는 세상이 시작되는 순간이었다. 일부 부모 세대가 자녀들의 손가락 통신을 알아차렸지만 이내 무심히 넘어가고 말았다. 컴퓨터 앞에 앉아서 키보드를 두드리는 걸 보아하니 인터넷게임이라도 하는 걸로 치부해버렸다.

그리고 2000년대에 들어와서 인터넷쇼핑몰이 급성장하고 웹디자이너와 프로그래머 직종이 인기를 얻었다. 산업적인 측면에선 당연한 결과였다. 컴퓨터 앞에 모인 사람들을 위한 각종 상품이 쏟아져 나왔고 게임과 학습, 쇼핑, 검색 상품이 인기를 끌었다. 이때부터 산업계에서 온라인마케팅에 전폭적인 지원을 하기 시작했다. 일부 컴퓨터 회사나 통신사들은 컴퓨터에서 가능한 무료문자 대화 서비스를 선보였고 각종 무료 서비스를 쏟아내고 있었다. 사람들은 온라인에 열광하기 시작했고 이를 틈타 키워드마케팅이란 상품이 등장했다. 인터넷에서 정보를 찾는 사람들의 행태를 관찰하고 내놓은 온라인 상품이었다. 검색을 하는 사람들을 위해 검색 관련 정보를 기업의 상품으로 연결한 아이디어였다.

하지만 2010년 세상은 다시 변했다. 기업들의 짜고 친 검색 상품이나 일부 비전문가들의 사실과 다른 정보들이 온라인에 올라오기 시작하면서 사람들은 그들이 보기에 진실한 진짜 정보를 요구하기 시작했고 여기에 힘입어 시작된 게 '블로그'서비스다. 각계각층에 은둔(?)하던 전문가들이 하나둘 블로그를 만들면서 자기가 가진 정보와 지식을 온라인에서 공유하기 시작했고 정보의 품질을 요구하던 사람들은 블로그에 열광하기 시작했다. 발 빠르게 트렌드를 잡은 포털사이트에선 지식검색이란 상품을 내놓으면서 소비자들의 요구에 부응했다.

사람들에게 인기를 얻은 블로그 서비스는 여러 가지 형태로 파생상품이 생겼다. 단문으로 된 정보를 주고받는 미니 블로그 형태로 트위터가 등장했고, 동영상 블로그라고 하는 유튜브가 등장했다. 학교동창과 기업 거래처 등 아는 사람들이 모이는 인맥관리형 블로그로 페이스북도 등장하고 스마트폰이 등장하면서 무료 문자 서비스를 이용 가능한 카카오톡이 급성장했다. 이 모든 게 손바닥 안에서 가능하도록 만들어준 스마트폰의 힘이 지대했던 건 물론이다.

사람들은 그들이 컴퓨터 앞에 앉아야만 즐기던 모든 서비스를 이동하며 즐길 수 있게 되자 더 이상의 요구사항도 줄어들었다. 이른바 기술답보상태가 나타난 것. 사람들은 그들에게 익숙한 것에 집중하기 시작했고 더 이상의 새로운 서비스는 필요하지 않다는 생각을 하게 되었다. 그야말로 사람들이 필요한 모든 게 손바닥 안에서 한 대의 기기로 되어버린 세상이었다.

그리고 2016년. 그동안 유선 인터넷에서, 모바일 인터넷에서 인기를 얻던 서비스들이나 상품들, 마케팅 방법들이 성장하지 못하기 시작했다. 스마트폰에서 어플리케이션 시장이 열리면서 게임 다운로드와 각종 프로그램 기능 다운로드 증가에 맞춰 모바일 광고 시장이 열리기도 하였으나 오래 지속되진 않았다. 언젠가부터 사람들은 스마트폰 안에 '광고'란 불편한 것이라는 생각을 하게 되었고, 힘들여 다운로드받은 게임도 하지 않는 사람들이 늘어났다. 바야흐로 인터넷 시장의 쇠퇴가 보이는 듯 했다.

오프라인 업계는 더욱 죽을 맛이었다. 인터넷으로 몰려간 사람들을 따라가 온라인 홍보를 했고 모바일로 이동한 사람들을 따라가 어플리케이션 삽입 광고를 했지만 이젠 그마저도 이용자 수가 현격히 줄어드는 상황에서 시간이 흐를수록 매출이 급감하는 걸 지켜보는 상황이 되었다. 공동구매 서비스의 방식으로 소셜커머스가 등장했지만 상품 종수의 한정과 품질이 낮다는 인식이 생기면서 저가상품 위주로만 구성되었고, 오픈마켓이나 인터넷쇼핑몰에선 오프라인 백화점에 진출하면서 어떻게 하든 매출부진을 피해보고자 노력하는 일도 생겼다. 이른바 총체적 난국이 되었다.

그럼 이제 어떻게 해야 할까? 블로그마케팅, 모바일홍보, 키워드광고, 페이스북 홍보 등 모든 게 기대할 만큼 수치가 나오지 않는 상황에서 마케터들의 고민이 커질 때다. 인구는 늘어나는데 상품 매출이 줄어들거나 답보 상태라면 그건 기업이 쇠퇴하는 것과 같기 때문이다. 그래서 다시 시작한 온라인마케팅 이야기 '저품질 블로그에서 탈출하기-핵심 블로그 마케팅'이 나오게 되었다.

이제부터 온라인마케팅은 7가지 성공 키워드로 통하는데 그건 FUN(재미), LIKE(좋아요), APPROVE(승인), BLOCK(차단), REPLY(댓글), SHARE(공유), HAND(손바닥)이 되어야 한다. 각 키워드를 하나씩 알아보며 온라인마케팅 노하우를 만들어보도록 하자. 블로그, 카카오톡, 페이스북, 트위터로 집약된 4가지 서비스 안에서만 마케팅해도 충분한 시대다. 이젠 마케팅도 선택과 집중이 필요한 시대다. 마케팅 그 자체가 하나의 상품이 되어버렸기 때문이다.

인터넷을 하나의 커뮤니티로 생각하게 된 요즘 사람들은 세상 어느 누구와도 싸울 수 있는 든든한 배경을 얻었다고 생각하는 중이다. 질문을 올리면 답변이 달리고, 숙제를 해달라면 숙제도 해준다. 친구를 사귀고 싶을 땐 누구라도 만날 수 있는 곳이 인터넷이다. 모르는 사람과도 게임 한 판을 즐길 수 있으며 굳이 쇼핑하러 나가지 않아도 잠옷바람에 컴퓨터 앞에 앉아서 마우스 몇 번만 누르면 물건이 배달되는 세상이라서 그렇다.

 **FUN(재미)**

사람들은 재미를 원한다. 재미있지 않으면 인터넷에서 살아남을 수가 없다. 인터넷광고도 재미있어야 하고 블로그도 재미있어야 하며 친구들 간의 대화도 재미있어야 한다. 재미있지 않으면 사람들은 쉽게 떠난다. 스마트폰을 끄거나 어플을 닫는다. 심지어 친구들 관계도 차단해버리고 '난 그 사람과 헤어졌어!'라고 여기게 만든다. 오프라인에서 낯선 사람을 만나고 헤어질 때도 우리 헤어지자는 인사를 나눌 겨를이 없는 세상이다. 차단 한 번이면 모든 게 끝난다. 차단당하지 않으려면 '재미있어야 한다'는 게 정답이다.

그리고 재미는 반드시 짧아야 하고 단순해야만 한다. 동영상은 3분 이내, 웹툰은 마우스 스크롤 10회 이내에서 화면 하나에 하나의 그림이 나와야 한다. 짧고 단순해야만 한다. 사람들이 생각하기를 싫어하게 되어버린 이유다. 어느 날부터 사람들이 집 전화를 스마트폰에서 찾게 되면서, 친구 전화를 찾을 때 전화번호부를 검색해야할 때부터 생긴 일이다. 사람들은 '재미'가 없으면 외우지도 않는다.

$$23 \times 11 = ?$$

이 문제를 보고 답이 무엇인지 계산할 수 있는가? 암산으로만 가능했다면 당신은 아직 완벽한 인터넷인간이 아니다. 요즘엔 이런 문제를 암산으로 해결하려는 사람이 없다는 소리다. 스마트폰을 뒤적거려 계산기 어플을 실행시킨다. 그리고 숫자를 두드려 답을 찾는다.

가령, 맛집 정보를 스마트폰에서 찾는 사람들은 '진짜 맛집을 찾기 위한 목적'이 아니다. 그들은 스마트폰으로 할 일을 찾는 중이라서 그렇다. 스마트폰으로 뭔가 할 일을 찾는 사람들이기에 맛집을 검색해서 가보는 걸 좋아한다. 그리고 맛집에 다녀온 후 페이스북에 후기를 올리거나 맛집에서 카카오톡으로 친구들과 대화하고, 맛집에서 식사를 하며 유튜브 영상을 보며 시간을 보낸다. 이 모든 게 재미가 있어야만 이뤄지는 일들이다.

지금까지 당신의 온라인 마케팅은 어땠는지 생각해보자. 사람들의 관심을 못 받은 이유가 무엇이라고 판단되는가? 이젠 무조건 '재미' 있어야 한다.

2 LIKE(좋아요) 

인터넷이 모여든 사람들은 어느 순간부터 '별점주기'에 익숙해졌다. 사람들의 이야기를 곧이 곧대로 듣는 시대가 지나고 그들 자신만의 스타일과 취향을 내세우면서 '별점 주기'에 나선다. 선생님의 이야기가 정답이 아니고 교과서에서 배운 지식이 정답이 아닌 걸 아는 사람들이다. 눈앞에 보이는 모든 걸 의심하는 시대가 되었다. 세상의 평가가 중요하지 않고 오로지 그들 자신의 평가가 중요하다고 여기는 시대다.

웹사이트도 평가하고 게임 재미도 평가한다. 페이스북에서 '좋아요'를 시작했지만 삽시간에 퍼져버린 '좋아요'는 온오프라인 대상을 가리지 않고 '평가'하는 문화를 만들어버렸다. 이제는 페이스북 자체도 사람들이 좋아할 것인지 싫어할 것인지 평가받는 시대다. 페이스북으로선 당황할 수도 있는 문제다. 세상의 모든 걸 '평가'하기 위해 페이스북 사용자들을 끌어들여 '좋아요' 기능을 넣었던 것인데 어느 순간부터 사람들이'페이스북'도 평가를 해버리는 상황이 되었으니 말이다.

인터넷 홍보도 마찬가지다. 사람들에게 '좋아요' 평가를 받아야 다른 사람들에게도 신뢰를 얻는다. 그렇기 때문에 '좋아요'는 호감을 표현하는 게 아니라 '평가'를 하는 척도가 된다. 같은 서비스나 상품일지라도 사람들에게 '좋아요'를 받지 못하거나 상대적으로 많지 않다면 '뭔가 비호감적인 요소가 많은?' 의심을 받기 시작하는 이유다.

온라인마케팅을 기획했다면 사람들에게 '좋아요'를 받을 수 있는지 생각해야 한다. 내가 싫건 좋건 간에 사람들은 평가하기 때문이다. 내가 원하지 않아도 평가를 받는 곳이 인터넷이란 곳이다. 인터넷에서 마케팅을 하겠다면 사람들이 좋아할 만한 요소가 무엇인지 기획 단계부터 철저히 파고들어야 한다.

"상품이나 서비스를 좋아할 만한 사람들에게만 좋아요 받으면 되는 거 아닌가요?"

아니다. '좋아요'란 횟수가 중요한 게 아니라 '안 좋아요'란 횟수가 더 중요하다. 사람들이 여기에 집중한다. 댓글을 생각해보자. '추천'이나 '반대'가 가능하다. 인터넷에서 어떤 기사를 보고 '추천'을 달았다고 해보자. 누군가 실수로라도 '반대'를 눌렀다면 그걸 보는 당신의 생각은 어떨까? 어떤 글에 대해 추천이 10개, 반대가 2개가 있다면 당신은 그 글을 보고 어떤 생각을 할까?

'이건 좋은 글' 일까?
'이건 왜 반대가 있지?' 일까?

같은 맥락이다. 인터넷에선 모든 게 평가된다. 내가 인터넷에 무언가를 올리는 순간엔 내가 좋건 싫건 남들에게 평가받아야 하고 그 결과는 오로지 내가 져야할 몫이 된다. 10개의 추천보다 단 한 개의 반대에 민감해진다. 당연히 '좋아요'를 많이 받을 수 있게 기획하고 준비하게 된다.

3 APPROVE(승인) 

온라인마케팅 3번째 키워드는 '승인'이다. 다른 말로 표현하자면 광고 효과가 사람들 마음속에 받아들여지는 상태를 말한다. 인터넷카페에 회원으로 가입하려고 해도 '승인'을 거치게 되면서 생겨난 현상이다. 트위터나 페이스북에 친구가 되려고 해도 상대방으로부터 '승인'을 받는게 어느 순간 당연하게 되어버린 이유다.

받아들일 것인가? 거부할 것인가?

인터넷 초기 시장에서 온라인에 올리는 모든 광고나 글들이 무조건적인 배포였다면 이젠 '승인'을 거쳐야만 받아들여지는 세상이 되었다는 이야기다. '승인'의 비슷한 말은 그래서 '이웃추가'가 있다.

블로그의 경우를 생각해보자.

누구에게나 공개된 글이나 사진이지만 사람들은 그 블로그를 운영하는 사람에게 '이웃추가'를 한다. '서로이웃'을 신청한다. 블로그 운영자가 '이 블로그 글은 모두 공개이니 이웃추가는 필요없습니다'라고 아무리 떠들어도 블로그 방문자 중에는 반드시 '서로이웃 신청'을 하거나 '이웃추가'를 하는 사람들이 생긴다. 그건 왜 그럴까? 인터넷에서 '남과 다른 관계'를 만들고자 하는 무의식적인 행동이다. 상대방에게 '승인'을 받은 관계라는 걸 확인하고 싶은 마음이고 남과 다른 특별한 관계라는 걸 확신하기 위해서다.

'인터넷마케팅엔 승인이 없는데? 이웃추가나 서로이웃도 없는데?'

인터넷에 올리는 배너광고나 홍보 글을 말하는 게 아니다. 조금 다르게 이해해 보자. 이 글을 읽는 사람이 회사 생활을 한다고 가정해 보자. 회사에서 거래처 사람을 만난다면 제일 먼저 어떤 행동을 하는가? 맞다. 명함을 교환한다. 사회에서 어떤 사람들이 만나서 명함을 교환하는 걸 가리켜 '정식으로 인사했다'고 말한다.

이번엔 새 학기 교실을 생각해보자. 처음 보는 아이들끼리 서먹한 상태에서 옆자리에 앉은 아이에게 인사를 했다고 치자.

"안녕?"
"안녕!"

이때부터 두 아이는 서먹한 사이가 아니라 '친구'가 되고 '같은 반 짝'이 된다. 누가 먼저 말을 걸었느냐는 중요하지 않다. 서로 마주보고 인사를 나눴는지 아닌지가 중요하다. 인사를 나누고 말을 주고받는 순간부터 그 사람들은 서로 아는 사이가 된다.

그럼 이번엔 다시 인터넷광고를 생각해 보자. 광고는 쌍방향이 아니라 일방향이다. 불특정 다수에게 뿌려지는 광고라서 도대체 누가 보는지, 누구에게 보이는지 모른다. 이럴 땐 홍보에 지나지 않는다. 하지만 어떤 광고를 보고 이벤트에 응모했다든가 광고에 설문을 작성했다고 할 경우엔 사정이 다르다. 광고와 소비자의 만남이 된다. 소비자가 광고를 보고 쇼핑을 하는 것과는 다른 관계가 형성된다. 소비자가 광고를 보고 거기에 나온 문구대로 행동을 보였다는 건 광고와 소비자의 '소통'이 된다. 소비자의 '반응'이 아니다. 소비자가 '승인'한 결과가 된다.

당신의 인터넷마케팅은 지금까지 어땠는지 생각해 보자. 소비자에게 '승인'을 받았는가? 아니면 그 반대인가?

4 BLOCK(차단) 

유튜브, 트위터, 페이스북, 카카오톡, 블로그는 서로 비슷하면서도 다르다. 사용자 환경이 다르고 이용자 연령대나 목적, 방법이 다를 수 있다. 하지만 이들 중엔 공통점이 하나 있는데 그게 바로 '차단' 기능이다.

유튜브는 모든 사람들이 영상을 볼 수 있다. 하지만 덧글을 달아도 되는 사람과 안 되는 사람이 있다. 동영상을 올린 사람이 덧글을 올리지 못하도록 차단한 사람과 그렇지 않은 사람이 있기 때문이다. 트위터는 차단 기능으로 친구 관계까지 끊으며 카카오톡은 아예 누군가를 차단시켜서 그 사람의 메시지를 보지 않을 수도 있다. 블로그 역시 특정인을 차단해서 메시지를 보지 않을 수 있다. 어떻게 생각하면 사람들 사이 관계가 마우스 한 번으로 맺어지고 차단당하는 가벼운 관계가 되어버린 것 같아 씁쓸한 것도 사실이다.

인터넷 광고 마케팅도 마찬가지다. 제아무리 좋은 정보를 담아서 보냈다고 하더라도 받는 사람이 싫어하면 그 즉시 차단당한다. 예를 들어 네이버나 카카오톡 서비스를 이용하는 사람들이 많아도 네이버나 카카오톡에서 보내는 이벤트성 홍보 메시지는 안 받겠다고 차단하는 사람들이 적지 않다. 내게 좋은 건 받아들이겠지만 내가 불편하거나 거추장스러운 건 받지 않겠다는 사람들이다.

당신의 온라인마케팅을 다시 생각해보자. 효과가 없다면 그 이유가 뭐였을까? 사람들은 왜 당신의 마케팅에 응답하지 않았을까? 당신의 마케팅이 소비자들에게 '차단' 당한 이유가 무엇일까? 그 이유는 여러 가지가 있겠지만 무엇보다도 가장 큰 이유는 '콘텐츠가 없어서'다. 소비자가 관심을 갖고 소통하려고 하고 재미있어 할 콘텐츠가 없기 때문에 '차단' 당한다.

5 REPLY(댓글) 

바야흐로 댓글문화 시대다. 인터넷 초창기 시절엔 사람들의 댓글을 유도하려고 포털사이트에서도 아르바이트를 고용해서 신문기사에 댓글을 달거나 각종 콘텐츠에 의사표시를 했던 경우들이 많다. 그런데 어느 순간 사람들이 댓글을 달기 시작하면서 이젠 아르바이트가 아닌, 실제 인터넷 사용자들이 소통을 하고 반응을 하는 상황이다. 도대체 사람들에게 무슨 일이 일어난 것일까?

댓글 하나에 신문사 기자가 취재를 시작하고 방송에서 보도가 나온다. 댓글 하나에 연예인 스캔들이 터지고 댓글이 달리기 시작하면서 정부 정책에 변화가 생긴다. 그야말로 댓글 한 개가 기업의 운명을 좌우할 순간도 오게 되었다.

그런데 이런 댓글의 힘을 소비자들이 먼저 알아차렸다. 그래서 온라인마케팅이 더 힘들어졌다. 미국의 30대 여성 블로거는 자신의 남편이 마시는 술에 대해 성분 표시가 필요하다는 글을 블로그에 올렸고 이를 본 사람들이 댓글을 달기 시작해서 순식간에 3만 여개의 댓글이 달리는 일이 벌어졌다. 결국 그 술 회사는 술 회사 창립 이후에 최초로 술의 성분을 온라인에 공개하기에 이르렀다.

물론 댓글 중에는 가짜 댓글도 많다는 걸 아는 소비자들이다. 그래서 예를 들면 쇼핑몰 사용후기 중에서도 칭찬 일색인 후기는 '가짜 댓글'이란 평가를 내려버린다. 소비자들이 '승인'하지 않는 것이고 '차단' 해버리는 순간이다. 도대체 언제부터 댓글 한 개가 기업의 운명을 좌우하게 되었을까?
그래서 온라인마케팅은 이른바 댓글 마케팅으로 불러도 괜찮은 시대다. 소비자들은 이미 댓글의 힘도 알고 몇 번째 댓글에게 상품도 준다며 댓글로 재미있게 노는 법도 아는 상황인데 기업만 모른다면 시대에 뒤처지는 게 된다. 소비자의 마음을 모르는 마케팅은 그 순간 마케팅이아니라 쓰레기가 된다.

6 SHARE(공유) 

요즘 인터넷을 즐기는 사람이라면 '공유'를 모르지 않는다. 컴퓨터에 만드는 '공유 폴더' 이야기가 아니다. 영화배우 이름도 아니다. 온라인에선 '공유'가 이뤄져야한다. 공유는 필수적이고공유가 있어야만 온라인마케팅의 확산이 가능해진다. 최소한의 비용으로 최대의 효과를 만드는 게 가능해진다. 온라인마케팅의 핵심은 '공유'여야 한다.

가령 이런 경우다. 온라인에 바겐세일 정보가 떴다. 사용자 입장에선 혼자만 알아야 한다. 그래야 좋은 물건을 고를 수 있다고 여긴다. 하지만 기업 입장에선 소비자들이 많이 알면 알수록 좋다. 그래야 마케팅 효과도 생기고 매출도 올릴 수 있다. 이 순간부터 기업과 소비자가 생각하는 '공유'의 차이점이 생긴다. 과연 기업도 좋고 소비자도 좋은 '공유'가 이뤄지게 하려면어떻게 해야 할까?

그래서 기업들은 '이벤트를 시작하면서' 리플해주는 사람, 소개해주는 사람, 몇 명에게 좋아요 해주는 사람을 골라서 상품을 주겠다는 조건을 추가로 건다. 무슨 소리일까? 기업 입장에선 이벤트 홍보 정보가 여러 사람에게 알려져서 좋고 소비자 입장에선 돈 안 들이고 그저 공유 기능 몇 번만 눌러주면 자신에게 더 큰 혜택이 돌아오니 좋게 된다. 기업도 좋고 소비자도좋은 공유 기능이 생기는 순간이다.

일례로 설명한 온라인홍보의 공유의 장점에서 보듯이 공유 기능은 기업과 소비자 모두에게 좋아야 한다. 다른 말로 하자면 온라인 마케팅에서 '공유'가 되지 않는다면 그건 실패한 마케팅이란 이야기와 같다. 온라인마케팅에 한 번이라도 관심 가져본 사람이라면 듣게 되는 말이 '노가 다홍보'라는 게 있다. 2000년대 초반에 유행했던 이야기다.

가령 노가다홍보란 마케팅을 하려는 사람이 인터넷 이용자 개개인에게 이메일을 하나씩 보내 거나 게시판을 일일이 찾아다니며 홍보글을 올리는 걸 말했다. 시간은 시간대로 걸리고 효과 는 기대할 수도 없을 만큼 힘든 작업이었다. 당시엔 게시판 글 자동등록기나 이메일 발송기 기능이 있었지만 아무 것도 모르는 온라인홍보 초짜들이 벌인 일이었다. 물론 결과는 대실패 였다.

그래서 2010년대를 지나면서 '공유' 기능을 활용하는 온라인마케터들이 부쩍 늘었다. 트위터 에선 '리필'을 달아달라고 하고 ,'카카오톡'에선 친구들에게 추천을 해달라고 제안한다. 페이 스북에선 '좋아요'를 눌러달라고 하고 유튜브에선 '소스 퍼가기'를 해달라고도 말한다. 이 모든 게 공유 기능이다.

온라인마케팅에서 반드시 알아야 하고 이용해야만 하는 건 바로 '공유' 기능이다. 확산되게 해 야 한다는 말이다. 그리고 다른 사람들이 다 사용하는 공유 기능을 그대로 적용하는 건 소비 자들에게 큰 호응을 이끌어내지 못하므로 자신만의 아이디어를 추가해서 시도하는 게 좋다. 가령 이런 식이다.

기업이나 브랜드를 홍보하기 위한 인터넷 카페를 만든다고 해보자. 어떻게 회원 수를 늘릴 것 인가? 포털사이트에서 제공하는 카페홍보지원에 부탁해볼 것인가? 아니면 아는 사람 위주로 일일이 메일 보내면서 카페에 가입하라고 할 것인가? 물론 모두 가능한 방법이다. 하지만 시 간 투자 대비 효과가 너무 적다. 기업이 그렇게 홍보를 시작하면 소비자가 외면한다. 홍보도 파워풀하게 기업답게 해야만 소비자들에게 신뢰를 줄 수 있다.

이렇게 해보자. 인터넷카페를 만들면 우선 사람들이 많이 모이는 사이트에 간다. 연예인 뉴 스나 인기검색어 관련 사람들이 많이 방문하는 곳에 가야 한다. 거기서 댓글도 좋고 게시글도 좋고 일단 글을 올린다. 그 글은 반드시 정보 글이어야 하는데 홍보가 아니라 사람들에게 정 보를 준다는 식의 내용이어야 한다. (이 부분에 대해선 다음에 이어지는 글 작성 관련 내용에 서 설명하기로 하자)

일단 정보가 될 만한 내용으로 글을 올리면 다시 카페에 와서 대문에 큼지막하게 이벤트를 걸 어둔다. 이 카페에 가입해서 친구나 지인에게 소개해주시는 분에겐, 자기 블로그나 카페에 지 금 본 카페 주소를 링크 걸어주는 분에겐 상품할인권이나 증정권을 드립니다 식이면 된다. 그

상품은 회사에서 만드는 제품이면 더 좋다.

그렇게 되면 카페에 사람들이 노는 순간 공유 속도가 빠르게 확산된다. 단 한 명이 와도 걱정할 건 아니다. 그 한 명이 자기가 다니는 블로그나 카페에 지금 온 카페의 주소를 걸어주기만 하면 된다. 1명이 2명이 되고 2명이 4명이 되며 4명이 8명이 된다. 기하급수적으로 늘어난다.

7 HAND(손바닥) 

그리고 온라인 마케팅 7번째 키워드는 '손바닥'이다. 모든 마케팅이 사람들의 엄지나 검지로 이뤄져야 한다. 어느 순간부터 사람들은 손바닥을 벗어나면 '귀찮음'을 느낀다.

예를 들어 사람들이 왜 책을 안 읽을까? 생각해보자. 자동차면허시험을 준비하거나 자격증 시험 또는 학교에 다니거나 수능시험을 보기 위해선 커다란 종이 교과서를 사서 들고 다니며 공부를 하지만 시험에 관계없는 생활이 되는 순간 모든 종이책은 '귀찮음'의 대표적인 물건이 된다. 무겁다, 거추장스럽다, 넣고 다닐 공간이 없다, 예쁘지 않다, 그리고 가장 중요한 이유로 스마트폰에 다 있는 내용이라고 여긴다. 사람들이 스마트폰에 집중하면서 책과 헤어졌다. 사람들이 귀찮아하는데 제아무리 책을 읽으라고 해도 안 읽는다. 사람들은 누가 자기에게 뭐라고 하는 걸 대단히 싫어한다는 기본 명제이기도 하다.

그럼 이 책의 저자가 온라인 마케팅에서 '손바닥'에 집중하란 얘기는 도대체 뭘까?

간단하게 말하자면 '온라인 마케팅의 범위'를 사람들의 손바닥 안에서만 해결해야 된다는 뜻이다. 사람들에게 익숙한 기능만으로 가능해야 하고, 사람들이 익히 아는 사이트에서 이뤄져야 한다. 사람들이 몸을 움직이게 하지 말고 손가락만 움직이면 돈이 된다는, 자신에게 이익이 된다는 인식을 주는 마케팅이어야 한다. 익숙한 곳에서, 익숙한 동작으로 누구나 재미있고 손쉽게 참여 가능한 홍보를 해야 한다.

온라인마케팅의 성공 키워드 7가지는 한 마디로 비유하자면 사람들이 밥 먹는 것과 같고 시험공부를 하는 것과 같다고 할 수 있다. 식사할 때나 공부할 때 기억을 해보자. 배가 고플 때는 밥을 찾는 게 사람이지만 배가 부르면 밥 대신 놀러 나가는 게 사람이다. 공부를 할 때도 마찬가지다. 대학에 가기 위해 공부를 열심히 하지만 대학에 입학하게 되면 손에서 책을 놓는 사람들이 대부분이다. 그 이유가 뭘까? 밥을 그만 먹는 건 배가 불러서 못 먹겠다는 것이고 책을 손에서 놓는 건 그동안 충분히 했다는 뜻이다.

다른 말로 하면 이젠 밥 대신 먹은 만큼 놀아야겠다는 작정이고, 공부할 만큼 했으니 이젠 좀 놀아야겠다는 생각과 같다. 온라인 마케팅도 똑같다. 다르지 않다. 온라인 초창기엔 무엇이든지 신기해서 다 보고 받아들였지만 이젠 온라인마케팅이란 걸 다 아는 입장이니 그만 보고 좀 놀아야겠다는 생각을 한다. 온라인 마케팅을 하더라도 '내 맘에 들게 하라'는 무언의 압박인 셈이다. 이 말은 내가 귀찮지 않게, 내게 도움 되게, 내가 순식간에 할 수 있는 범위 내에서 하라는 말과 같다.

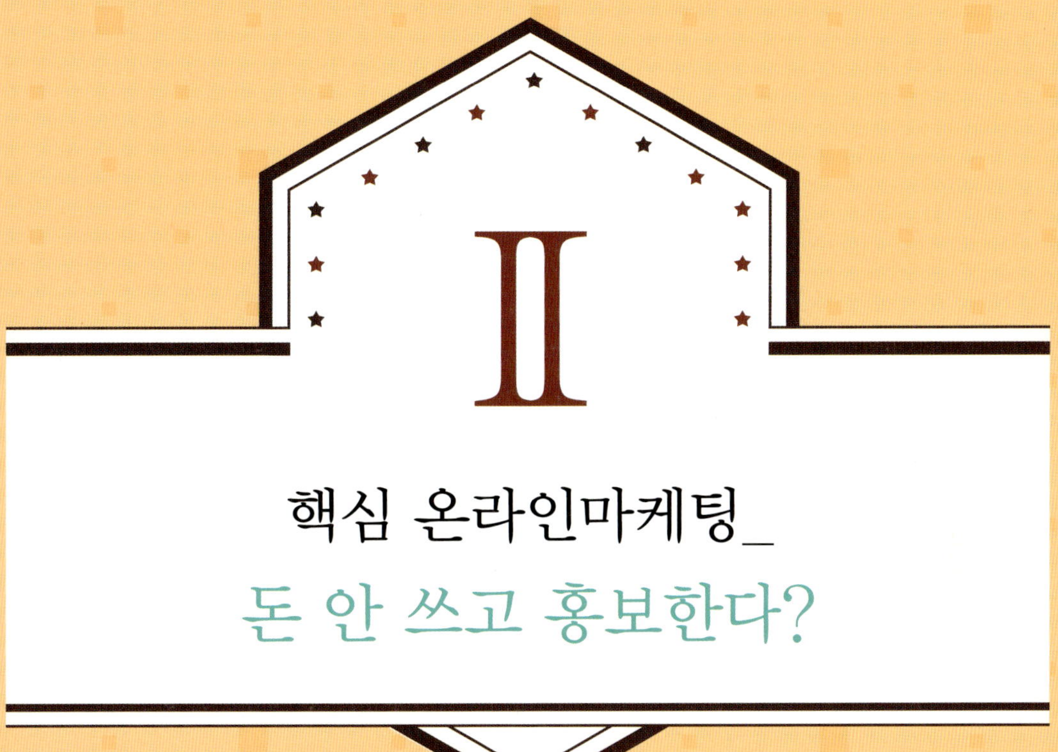

[블로그(BLOG)]

블로그(blog) & 블로거(bloger)

블로그 (BLOG)가 여전히 중요하다. 1999년 처음 등장한 이후로 그동안 조용히 1인 미디어로서 자기 길을 걷던 블로그가 새삼 주목받았던 이유는 인터넷 검색 시장이 콘텐츠 중심의 산업 구조로 수익모델을 강화하며 재편되는 현실 때문이기도 하다.

인터넷에서 돈 되는 사업이라고 하면 '경매, 검색, 쇼핑'을 말했는데, 쇼핑과 경매 아이템은 글로벌 경기 침체에 따라 예년보다 매출 증가 속도가 눈에 띄게 줄어들었고, 그 반면에 검색은 전 세계 네티즌들이 경기 침체에 따라 컴퓨터 앞에 앉아있는 시간이 늘어나는 것과 비례하여 트래픽이 증가되고 있기 때문이다.

그렇다면 검색 사업으로 글로벌 기업이 된 '구글(www.google.com)'은 글로벌 경기 침체에 영향을 받지 않았을까? 결론부터 말하자면 구글은 검색 서비스와 유튜브를 통해 성장세를 이어가는 중이다. 구글에서 검색하고, 유튜브에서 영상을 시청하는 사람들이 늘어났다.

그동안 도대체 무슨 일이 벌어진 걸까?

인터넷 사업자들 가운데 검색을 주력 사업으로 내놓은 기업들은 인터넷 사용자의 변화를 일찌감치 눈치 챘고, 양질의 콘텐츠를 검색 결과로 얻고자 '블로그'와 '블로거(블로그를 운영하는 사람)'들에게 눈독을 들이기 시작했던 게 사실이다. 그래서 전문가 수준의 지식을 갖고 있는 '블로거'들이 작성한 글들을 검색 결과의 상위에 올려놓기 시작했으며 다른 사용자들로부터 큰 호응을 얻기 시작했다. 전문지식이 들어간 양질의 검색 결과를 제공한 게 주효했다.

반면에 구글도 검색 기업으로서 블로그 서비스를 시도하긴 했지만 큰 효과를 얻을 순 없었다. 구글에서 블로그를 만들어 콘텐트를 올리려는 사용자들보다는 구글에서 그들의 콘텐트를 홍보하려는 사람들이 더 많았던 게 이유다. 그래서 구글은 텍스트, 이미지 중심의 검색 서비스에서 과감히 유튜브를 인수하고 동영상 서비스에 나서게 된다. 다른 사람들과 경쟁에서 이길 수 없다면 시장을 앞서 나갈 방편을 준비해서 도전하는 글로벌 기업다운 전략이었다. 텍스트, 이미지 콘텐트는 구글에서, 영상 콘텐트 검색은 유튜브에서라는 전략이 제대로 성공한 게 요즘 구글이다.

그럼 '블로그'라는 단어는 누가 언제 썼던 걸까?

블로그의 시작을 따지자면 1997년 '존 바거'라는 사람이 처음 사용한 '웹로그(weblog)'라는 명칭이 블로그의 시작인데 '웹로그'란 개개인의 관심에 따라 자유롭게 글을 올리는 개인 웹사이트라는 뜻이다. 인터넷을 뜻하는 '웹(web)'과 자료와 기록지를 뜻하는 '로그(log)'란 단어가 모여 이뤄진 것인데, 처음엔 웹로그(weblog)로 쓰이다가 점차 줄어들어 블로그(blog) 불렸고, 지금 널리 사용되는 '블로그(blog)'란 명칭은 1999년 피터 메흘츠에 의해 처음 사용되기 시작했는데, 한국에서는 2001년 12월 블로그 사용자들의 모임인 웹로그인코리아를 통해서 시작되었다고 전해진다.

✅ 블로그의 발달

사실 이젠 인터넷 시대의 필수라고 여겨지는 블로그라고 할지라도 첫 등장 후 초창기엔 누리꾼들 사이에서 그다지 주목받지 못했다. 1999년에서 2000년으로 넘어오는 시기엔 밀레니엄 버그라는 컴퓨터 바이러스에 대해 인터넷 세상이 걱정하고 대응책을 논하던 시기였는데, 컴퓨터가 기록하는 연(年)월(月)일(日)이라고 하면 1999년 6월 25일을 25/06/99로 표시했는데, 연도 표시하는 뒷부분 1999가 2000으로 바뀌게 되면 00이 되면서 1900과 2000을 인식하는데 혼동하게 되고 세상의 컴퓨터들이 작동을 멈추지 않을까 하는 우려 섞인 목소리들도 많았던 탓이다.

이와 같은 사회적 분위기 탓에 블로그는 등장 시점에선 관심을 못 받는 찬밥 신세를 면치 못하다가 세계 최대 인터넷 검색기업 구글이 등장한 이후 서서히 주목을 끌게 되는데, 구글과 경쟁하는 다수의 인터넷기업이 더 나은, 더 효율적인 검색기법을 연구하다가 결국 사용자 위주의 검색과 검색결과가 중요하게 여겨지면서 검색 콘텐츠를 만들어 내는 누리꾼 개개인에게 관심을 갖게 된 시점부터이다.

인터넷에서 정보를 검색하는 누리꾼들이 실제 생활에서는 개인으로서 정보 창작을 겸하는 사용자인 동시에 생산자이기 때문이다. 이로 인해, 인터넷 검색의 사용자이면서 생산자인 누리꾼을 위한 각 종 부가 서비스가 시작되었는데, 그동안 주목받지 못했던 블로그가 새삼 관심을 갖게 되었고, 개인의 의견을 담을 수 있는 1인 미디어의 형태로 블로그가 세상에 재등장한 것이다.

블로그가 만들어낸 가장 매력적인 결과는 그동안 오직 인터넷 검색 사용자였던 누리꾼을 인터넷 정보 생산자로서 인터넷 콘텐츠 공급에 참여하게 만들었다는 것이며, 블로그를 통해 누리꾼들이 서로 소통하고, 인터넷에서 네트워크를 만들며 또 하나의 사이버 세상을 직접 가꿔나가게 만들었다는 점이다. 이것 하나만으로도 블로그가 인터넷 기반 사업의 가능성을 더욱 확대했다는 칭찬을 받을만하다.

다양한 인터넷 사업 시도가 동시다발적으로 이뤄지면서 (블로그가 활성화되기 이전의) 수익이 안 되는 인터넷 아이템의 매력은 줄어들던 상황이었다.

경매와 쇼핑으로 대변되는 인터넷 사업 구조에서 가장 강력한 사업 모델이 바로 '검색'이었는데, 인터넷 초창기부터 꽤 오랜 동안 '인터넷 정보는 공유한다'는 기치 아래 전 세계의 누리꾼들은 자기가 들어서 알고, 배워서 아는 정보들을 무료로 인터넷에 올렸고, 그러한 정보들을 인터넷 기업이 검색 결과로 제공하면서 많은 사람들을 블로그 없이도 인터넷으로 몰려들게 만들었던 것이다.

그러나, 문제는 저작권이었다. 실제 2003~4년만 하더라도 앞으로 닥칠 인터넷 저작권 문제에 대해 필자가 주위 사람들에게 아무리 강조해도 받아들여지지 않는 사회적 분위기였다. 이 시기엔 개개인의 저작권 보호보다는 일단 시작된 인터넷 기반 콘텐츠 사업의 부족한 정보를 채워 넣는 일에만 몰두했던 것인데, 인터넷에서 정보를 검색하고 유용하게 쓰던 사람들이 문제의식을 느낀 것은 자기가 올린 개인의 정보마저도 다른 이들이 아무렇지도 않게 갖다 쓰고 있다는 현실을 직면하게 되었다는 것이다.

수 년 간의 연구에 의한 귀중한 연구결과도 있고, 화가가 인생을 바쳐 그린 그림도 인터넷에서 너나 할 것 없이 무료로 가져다 쓰고 있었다. 뿐만 아니라 작가의 글, 선생의 시험문제 등, 개인의 지식재산으로 보호받아야하는 갖가지 정보들이 인터넷에 올라왔다는 이유 하나만으로 불특정 다수에게 사용된다는 현실이 문제가 된 것이다.

결국, 지식재산의 경제성을 실감한 선진국을 위시하여 저작권 보호 움직임이 생겼고, 이러한 저작권 보호 움직임에 따라 인터넷 이용자들이 올린 모든 콘텐츠에 대해 사용료를 지불하지 않고 자기들만의 수익을 챙기던 인터넷 포털사이트 기업들이 사업 수익 구조에 영향을 받기 시작했으며, 검색 엔진을 개발하여 제공하던 기업들에게도 저작권 침해를 방지해야 한다는 각국 정부의 조치에 따라 검색 사업 자체가 위축될 수도 있다는 우려가 생겼다.

따라서, 인터넷 포털 사이트 및 검색엔진 기업들부터 검색 결과를 보호하고, 또 하나의 콘텐츠 기반 사업을 활성화해야한다는 문제의식이 생기면서 회사 소속 직원이 아닌, 또 다른 일반인으로 구성되는 콘텐츠 공급자들에게 시선을 돌린 것이다. 콘텐츠 공급자는 인터넷 활동을 주로 하는 사람들로서 특정 분야에 대해 양질의 정보를 만들어 갖고 있는 사람들을 뜻했다.

각 포털 사이트 기업은 이러한 전문가를 인터넷으로 많이 불러오고자 서비스를 기획하고 세상에 내놓게 되었는데, 한국에서는 네이버가 지식인 서비스를 시작하면서 질문에 답변하는 누리꾼을 모시는데(?) 성공하고, 검색 시장 재편이라는 인터넷 기업 순위 1위 탈환에 성공하면서 인터넷 강자로 군림하기에 이르렀다.

뒤이어 네이버에서도 '오픈캐스트'란 서비스를 시작하면서 초기 하면을 개방했으나 네이버 첫 페이지에 누리꾼들의 콘텐츠를 노출시켜준다는 정책을 펴면서도 결과적으로 다른 사이트의 인터넷 기반 모든 정보를 모아 와서 네이버 회원 자격으로 오픈캐스트를 발행해야만 첫 페이지에 노출된다는 단점이 초창기 오픈캐스트에 있던 것도 사실이었다.

● 블로그의 현재

블로그는 현재 제 2의 도약기에 진입하고 있는 상황이다. 첫 단계에선 인터넷 사용자들을 콘텐츠 생산 및 공급자로서 인터넷 기반 사업 구조에 동참시키는데 성공했다면, 두 번째 단계로 그들을 인터넷에 머물게 하기 위해서 그들에게 매력적인 수익 구조를 제공해야만 하는 시기가 되었다. 더욱 심각한 위기 상황은 블로거들이 모바일 스마트폰으로 옮겨가면서 이젠 '글을 올리는 것'에 대해 점점 귀찮아하고 있다는 분위기다.

포털사이트에선 이를 막기 위해 인터넷의 콘텐츠 생산자로서 많은 누리꾼들에게 알려지는 이른 바 파워블로거(Power Bloger)들을 등장시켰는데, 각 기업들도 블로거를 통한 커뮤니티 홍보의 중요성에 관심을 갖기 시작하면서 블로거가 직접 광고 수주 활동을 하기도 했고, 한국어 기반 콘텐츠라는 언어적 한계로 인해 영어권 블로거들의 막대한 광고 소득보다는 상대적으로 저조한 소득을 올리는데 만족하는 형편이었다. 게다가 설상가상으로 일부 파워블로거들의 상품 홍보 중계를 통한 수수료 수입이 억대 단위에 이른다는 게 알려지면서 이젠 블로거들의 콘텐츠도 사람들의 관심에서 멀어지는 상황이 되었다.

한편, 초창기에 블로그를 운영하는 블로거들은 정보 콘텐츠가 주는 소득을 알기 시작하면서 일상 생활의 모든 기록을 블로그에 남기기 시작했다. 가령, 인터넷 연결이 잘 안 되는 지역으로 여행을 가거나 그런 지역에 있을 경우를 대비, 조금씩 글을 쓰고 모았다가 블로그에 글이랑 사진을 올리기도 했고, 일기를 쓰거나 여러 잡다한 정보를 모아두는 스크랩 블로그를 운영하는 사람들도 생겼다.

🔴 블로그의 미래

1인 미디어 기능을 갖추고 등장, 인터넷 정보 콘텐츠 공급자로 등장한 블로그의 미래는 어떻게 될까?

이에 대해서는 많은 전문가들이 연구를 하고 있고, 보다 나은 블로그 환경을 만들고자 다양한 시도를 하고 있는데, 한 가지 확실한 것은 인터넷 정보 콘텐츠 생산 및 공급자로서 시간이 흐를수록 블로거들의 입김이 더욱 세질 것이라는 점이다.

블로거들의 활동을 도와주는 인터넷 서비스도 속속 등장하는 게 많은데, 회사에 다니는 사람들이라면 누구나 한번쯤 겪어봤을 일 가운데에서 외부에서 서류 업무 일보러 회사에 들어가야 했던 기억을 떠올려 보자.

고객과의 미팅 시간에 밖에서 일을 보려고 해도 중요한 파일이나 서류가 사무실에 있어서 다시 회사로 돌아와야 한다면 그건 회사로서도 직원 관리비용이 더 들어가는 손해라고 볼 수 있다. 이에 대해, 넷북(인터넷 노트북 컴퓨터)만 있으면 어디에 있더라도 인터넷을 통해 문서 작업을 할 수 있고, 이메일도 확인할 수 있는 서비스가 진행 중인데, 회사에 굳이 들어오지 않아도 집이나 어디에 있든 회사 일을 볼 수 있다는 뜻이다.

이른바, 클라우드 컴퓨팅(cloud computing)이라고 불리는 이 기능은 인터넷 접속이 가능한 넷북, 휴대폰, 개인휴대단말기(PDA) 등 언제 어디서든 인터넷에 담아둔 정보를 꺼내 활용한다는 개념의 서비스 상품이다. 예를 들어, 바이러스 보안 회사에서 다양한 컴퓨터 바이러스를 회사 중앙 서버에 두면 클라우드 컴퓨팅 서비스를 이용하는 고객들은 언제 어디서든 회사 서버에 접속해서 자기 컴퓨터에 있을지 모르는 바이러스 검색 및 치료를 할 수 있다는 뜻이다.

블로그의 기능도 이와 연동되면서, 인터넷 가능한 모든 기기에서 사람들이 정보를 검색하고 사용하고자 할 때, 내가 만든 블로그가 검색되고 사람들에게 이용될 수 있게 되었다. 이 경우, 기하급수적으로 늘어나는 블로그 방문자 증가로 인해 홍보효과가 늘어나게 되는 게 가장 큰 이점이었고, 블로그를 통한 홍보란 결국 모든 매체에서 주목하게 된다는 것과 같으므로, 휴대폰에서 내 블로그를 통해 휴대폰 기능을 검색하던 방문자가 휴대폰 판매 쇼핑몰에 간편하게 접속해서 휴대폰을 쇼핑하게 된다는 설명과 같다. 이른바, [마케팅을 위한 블로그]에서 '직접 쇼핑을 위한 블로그'로 진화하는 형태로 새로운 기능들이 더욱 활성화될 것이다.

(2)

블로그 만들기 (naver)

지금 부터 본격적으로 블로그를 만들어 보자. 본 내용에서는 naver에서 블로그를 만드는 방법을 소개한다. 여기서 소개하는 블로그 만들기는 일반적인 1인 미디어라는 블로거 기능에서 한 발 더 나아가 '쇼핑몰 홍보 기능'의 블로그까지 확장하기로 한다. 예를 들면, 영화를 소개하는 영화블로그, 애견 정보를 제공하는 애견블로그의 형태로 인터넷쇼핑몰 관련 상품 정보를 제공하는 블로그가 된다.

여기 소개하는 블로그 만들기는 인터넷을 사용하는 누리꾼이라면 다수가 알고 있는 내용일 수 있으나, 본 내용에서는 블로그 만들기 시작부터 블로그 제목 정하기 등의 주의해야할 요소를 짚어본다. 그리고 이 책에서 일부 내용들은 온라인마케팅 초보자 이상이면 누구나 익히 아는 것일 수 있으나 인터넷과 포털사이트에 처음 접하게 되는 왕초보자를 위해서 본문에 빼놓을 수 없는 내용이기에 기재했음을 미리 밝혀둔다.

naver 블로그는 로그인 후 메뉴 가운데 [내 블로그]를 누르면 아래 이미지와 같은 페이지로 이동한다. 여기서 분홍색 네모로 표시한 [내 블로그 가기]를 누르면 된다. 다만, NAVER는 회원가입만 하면 자동으로 블로그가 생성된다. [블로그] 메뉴에서 [내 블로그 가기]만 선택하면 된다.

naver 블로그의 경우 블로그 주소는 'blog.naver.com/ 자기 ID'가 된다. 블로그 이름은 처음 엔 자기 아이디가 블로그 이름으로 정해지는 것이다.

이런 요소는 블로그를 운영하고자 하는 사람들에게 불편함을 갖게도 하는데, 자기만의 인터넷 주소를 정해서 블로그 주소와 연결하는 기능도 있으니 활용하도록 하자. 가령, 내가 만든 네 이버 블로그 주소가 blog.naver.com/12dkfie789 일 경우, 복잡하고 어려워서 사람들이 기억 하기 어렵다. 이때, 기억하기 쉬운 www.ohmytest.com 등의 인터넷 주소를 정해서 내 블로 그로 도메인 연결을 해주면 된다.

네이버에 로그인 후, 내 블로그로 왔다면 아래 페이지가 보인다. 이때, [포스트 쓰기]를 누르 면 naver에 만들어진 블로그에 글 쓰기 단계로 바로 이동한다.

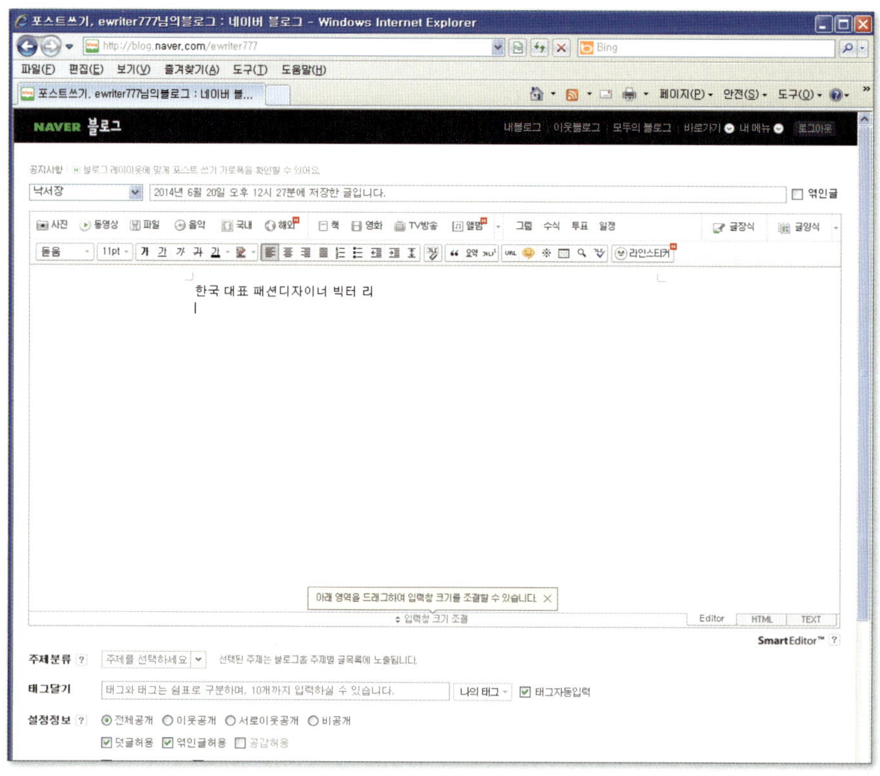

naver 블로그에 글 쓰는 곳이다. [프롤로그]란 블로그 운영자의 인사말 등의 소개를 적는 곳 이고, [블로그]에는 텍스트 형태의 글을 위주로 사진과 동영상 첨부가 가능하다.

[포토로그]란 사진으로 구성되는 메뉴이고, [비디오로그]는 동영상으로 구성되는 블로그이다.

[리뷰로그]란 책이나 영화 등을 보고 내가 느낀 점을 올리는 메뉴이다.

[포토로그], [비디오로그] 등처럼 블로그 운영자가 사용 가능한 메뉴는 많으나 블로그 초보자일 경우 [블로그]란 곳에 글을 올리면서 [사진]과 [동영상]을 첨부하는 방식을 추천한다.

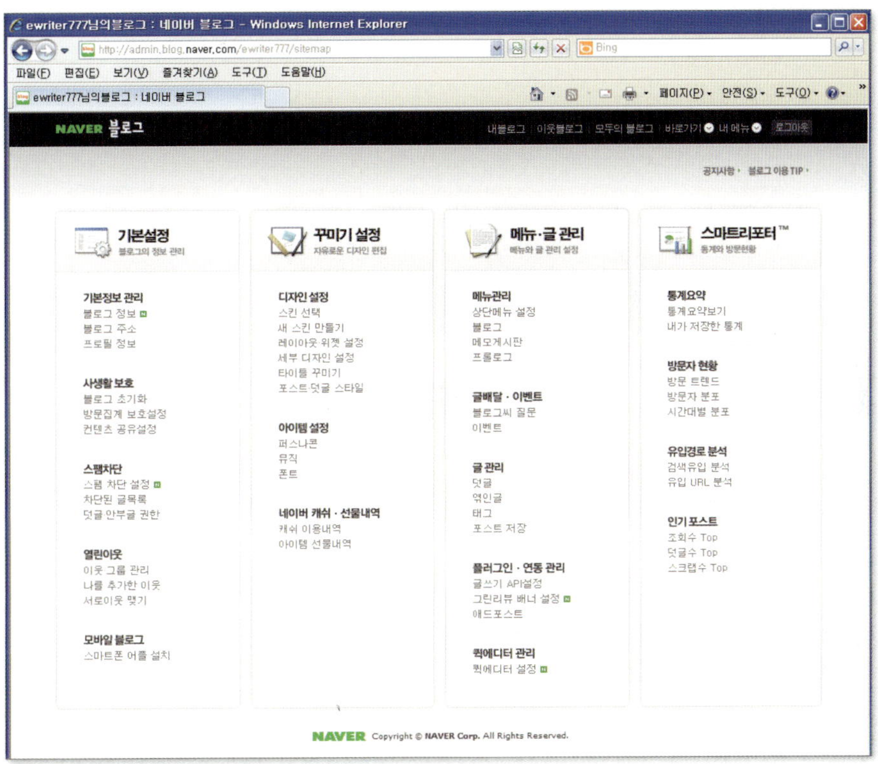

naver 블로그를 내가 원하는 디자인으로 구성 등을 바꾸고자 한다면 블로그 첫 페이지 자신의 프로필 영역 옆에 작은 글씨로 표시된 [관리] 버튼을 눌러 관리자 메뉴로 이동하자.

관리자 페이지에서 내 블로그 배경 그림 등을 바꿀 수 있고, 내 블로그에 음악이 나오도록 정하거나 글자체 변경 같이 다양하게 내 블로그를 꾸밀 수 있다.

naver 블로그 관리자 기능 가운데에 [블로그 스마트리포터]는 내 블로그에 방문한 사람은 어느 연령대이며 어느 지역에서 왔는지 등을 분석하게 해주는 메뉴이다. 내 블로그를 방문한 사람들이 어떤 검색을 통해 내 블로그를 찾게 되었는지도 알 수 있다.

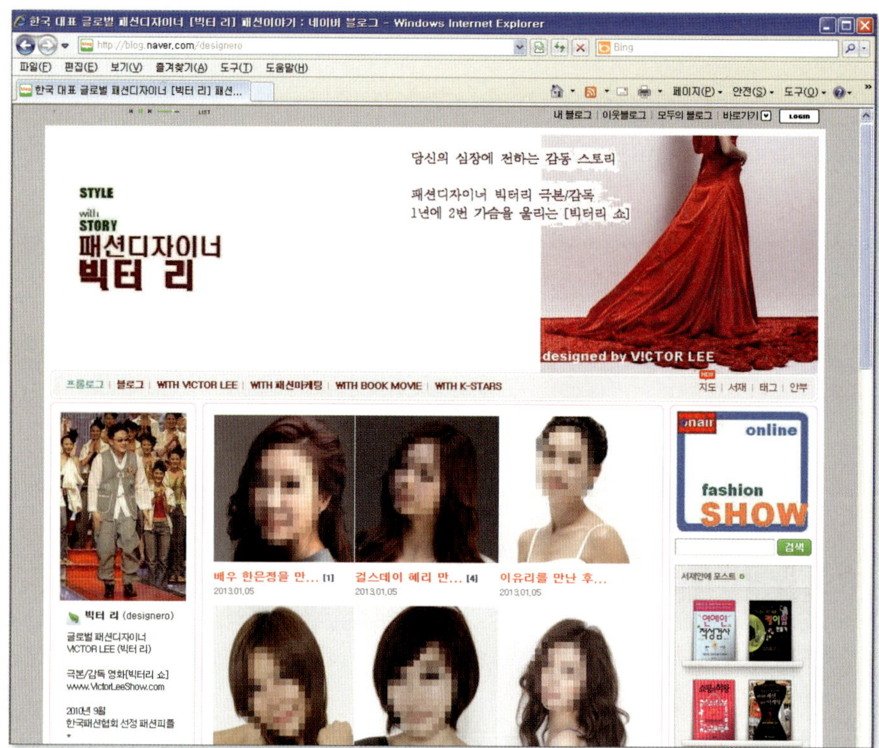

naver 블로그를 완성했다. 필자의 블로그인데, 패션디자이너의 패션블로그로 만들어 봤다. 필자의 경우처럼 쇼핑몰 운영자의 경우 Naver 블로그에서 쇼핑몰 관련 쇼핑 정보 블로그로 만들 수 있다. 여기까지 블로그 만들기의 가장 기초 과정인 '블로그'를 만들어 보았다.

블로그를 만들 수 있는 인터넷 사이트는 많다. 그러나, 블로그의 장점인 1인 미디어 기능을 고려해볼 때 naver와 같은 검색 기능을 갖춘 포털사이트에서 만드는 블로그라야 누리꾼들에 게 널리 알려지는데 유리하다. 그 이유는, naver가 한국 인터넷 사이트 가운데 누리꾼들이 정 보를 검색하는 곳 선두를 달리고 있으니 말이다.

블로그 운영 팁

* 내 블로그 접속이 간혹 안 된다면?

내가 운영하는 블로그인데, 이따금 어찌 된 영문인지 접속이 잘 안 되는 경우가 발생하곤 한다. 내가 기억하는 아이디와 비밀번호를 입력해도 블로그에 들어갈 수 없는 먹통(?)이 되는 순간, 블로그 운영이 안 된다고 푸념하지 말고 다음과 같은 방법으로 문제를 풀어보자.

a 인터넷을 하는 익스플로어 메뉴 가운데에서 [도구] → [인터넷 옵션]을 고른다.

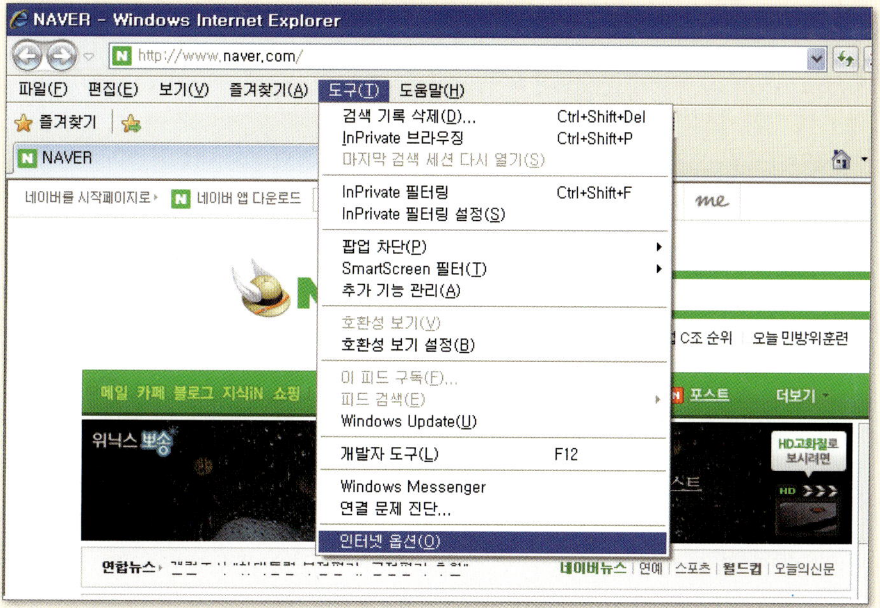

b 메뉴 [일반]에서 [쿠키 삭제], [파일 삭제]를 각각 순서대로 선택해서 관련 기능을 마친 후 [적용]을 누르고 [확인]을 선택한다. 인터넷을 사용하고 더 이상 사용하지 않을 경우, 항상 업무를 마칠 때에는 이와 같이 쿠키를 삭제해두는 것이 좋다. 인터넷 상에 떠도는 무수한 광고 바이러스들이 쿠키를 통해 내 컴퓨터에 들어올 수 있는 가능성이 있다.

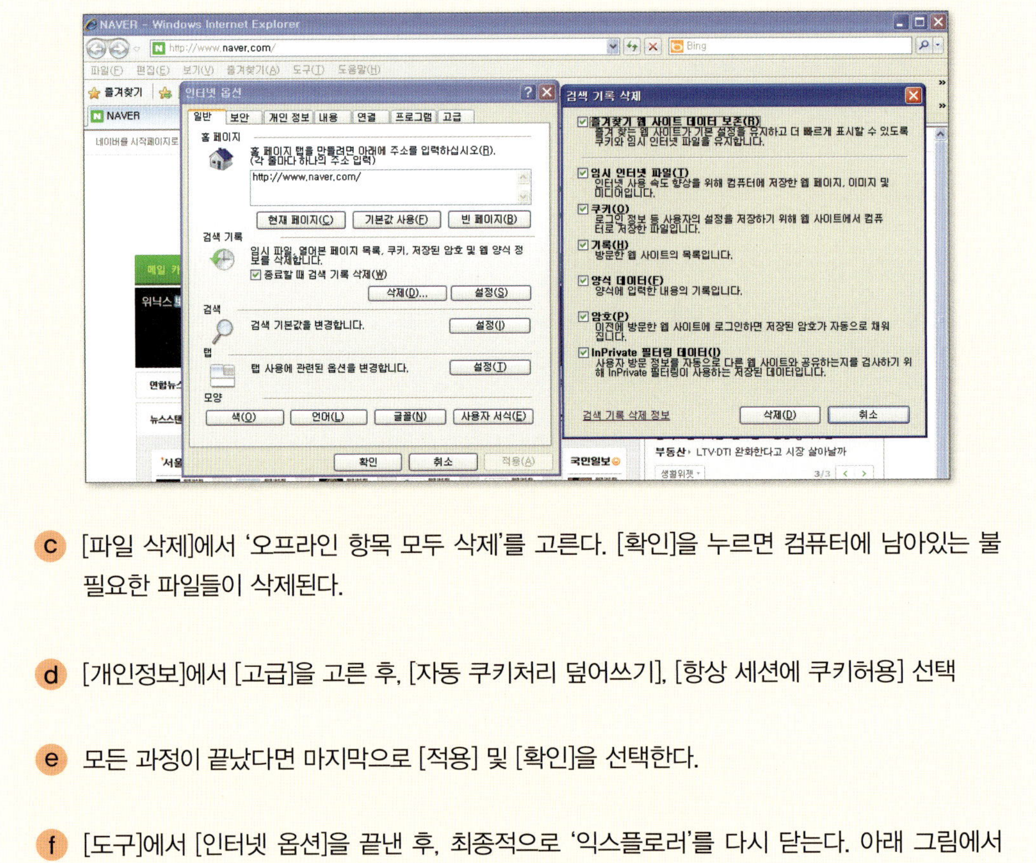

c [파일 삭제]에서 '오프라인 항목 모두 삭제'를 고른다. [확인]을 누르면 컴퓨터에 남아있는 불필요한 파일들이 삭제된다.

d [개인정보]에서 [고급]을 고른 후, [자동 쿠키처리 덮어쓰기], [항상 세션에 쿠키허용] 선택

e 모든 과정이 끝났다면 마지막으로 [적용] 및 [확인]을 선택한다.

f [도구]에서 [인터넷 옵션]을 끝낸 후, 최종적으로 '익스플로러'를 다시 닫는다. 아래 그림에서 우측 상단 작은 [X]로 표시된 부분을 눌러도 된다. 이렇게 해주면 인터넷 기능이 잠시 멈추며 앞서 삭제한 불필요한 내용들이 없어진 상태에서 인터넷 설정을 새롭게 해둔 순서대로 다시 인터넷을 할 수 있다.

g 컴퓨터 모니터 상에 아무 것도 보이지 않으면 다시 [인터넷]을 실행하자.

h Naver나 내가 운영하고 있는 블로그로 와서 로그인을 다시 시도한다.

이상으로 Naver에서 블로그 만들기를 알아보았다. 다시 한 번 일러두지만 [블로그]는 인터넷에서 누리꾼들이 직접 만든 콘텐츠를 자기만의 홈페이지와 같은 1인 미디어 또는 개인의 의견을 담고 저장하는 공간이다. 인터넷 검색을 할 경우, 검색 결과로 좋은 정보을 제공한다는 인터넷 기업의 필요성에도 맞아떨어지는 블로그의 전문적 정보자료는 앞으로 블로그의 다양한 지원 기능을 예고할 수 있다.

가령, 인터넷 블로그를 운영하는 사람들은 블로그의 초창기 서비스 시기에는 기하급수적으로 증가하다가 어느 시점이 되면 증가폭이 늘지 않고 한정될 수 있는데, Naver 같은 포털 사이트에서는 남보다 한 발 앞서 좋은 정보를 생산해내는 블로그 운영자들을 확보해야 한다는 필요성이 있으므로 블로그 운영자를 끌어오기 위한 다양한 서비스를 할 것이란 뜻이다.

결국, 인터넷이 가능한 모든 전자기기에서 사람들이 정보를 찾게 되는 시대에 이르면 그 검색 결과에 해당하는 정보를 보여줌으로써 방문자를 늘려 광고단가를 높이 받을 수 있는 검색광고 시장이다. 어느 사이트이든지 블로그 운영자를 특급 우대하고 있는 시대다.

(3)

블로그 콘텐츠 만들기

블로그를 만들었다면 다음 단계로 [착한 블로그]로 만들어 보자. '착한 블로그'란 기존의 블로그를 쇼핑몰을 알리기 위한 용도로 활용하기 위해 쇼핑에 도움 되는 정보성 콘텐츠로 꾸미는 것을 말한다. (필자 주)

착한 블로그는 어떻게 만들어야 하고, 어떻게 활용해야 할까?

인터넷쇼핑몰은 이야기를 들어봤지만 착한 블로그란 낯선 개념일 수 있다. 쉽게 이해하자면, 인터넷쇼핑몰에서 운영하는 블로그를 생각할 수 있겠는데, 이는 해당 쇼핑몰에서 판매 중인 상품에 대해 쇼핑몰 회원이 상품 사용 후기를 올리는 것으로 다른 이들이 해당 상품을 사기 전에 참조할 만한 코멘트를 달아주는 역할에 지나지 않는다.

그러나, 여기서 말하는 착한 블로그란 종합쇼핑몰보다는, 개인의 쇼핑몰이나 오픈마켓에서 판매 중인 상품에 대해 쇼핑몰 운영자가 스스로 자신의 상품을 홍보하고 쇼핑몰을 알리기 위해 만드는 블로그로써 블로그 자체로도 수익이 되며, 블로그를 찾아온 방문자가 블로그에 소개된 글을 보고 쇼핑몰로 찾아갈 수 있게 해주는 역할의 블로그를 말한다.

착한 블로그에서 일정한 상품 판매도 가능하며, 특화된 상품뿐 아니라 상품에 대한 정보를 제공함으로써 상품 구매자 및 잠재 고객과 상품에 대한 다양한 의견을 교환할 수 있는 양방향 소통을 기본으로 하는 쇼핑 어시스트 기능이라고 할 수 있다.

내 쇼핑몰에 맞는 블로그 5가지 필수 조건

착한 블로그로 구성하기 좋은 내용을 판단하는 기준은 크게 5가지가 있다. 쇼핑몰 운영자의 쇼핑 매출 증대와 동시에 쇼핑몰의 브랜드 홍보를 겸할 수 있어야 하며, 쇼핑몰에서 판매하는 상품에 대한 자세한 정보를 공개함으로써 판매자와 구매자 사이에 돈독한 신뢰감을 쌓도록 돕는 역할이 필수적이다.

1 적합성

블로그는 먼저 [적합성]이 중요하다. 다름 아니라, 내가 운영하는 쇼핑몰과 연관성이 높아야 한다는 뜻인데, 내가 '의류'를 판매하는 쇼핑몰을 운영한다면 착한 블로그는 의류 정보를 주로 하는 패션블로그여야 한다는 것.

의류 정보를 담는 패션블로그란 예를 들어, 청바지 때문에 생기는 피부 트러블에 대해 알리고, 이에 대하여 내가 파는 청바지는 유해 화학약품을 사용하지 않고 생산해내는 피부친화형 의류이므로 안심하고 구매할 수 있다는 식의 정보를 담는 것이다.

내가 판매하는 상품이 기저귀류의 유아용품이라고 하면 내게 필요한 착한 블로그는 어린이 건강에 대한 블로그가 좋다. '어린이 건강 블로그'란 어린이 건강에 대한 정보와 연령별 어린이 지능지수 발달에 좋은 식품, 그리고 어린이 피부에 대한 다양한 주의할 점 등을 알려주는 내용이어야 한다.

다시 말하자면, 착한 블로그란 쇼핑몰이 아니고, 쇼핑을 하려는 소비자에게 필요한 필수 정보를 나누는 곳을 말한다. 본 내용으로 다루는 착한 블로그는 일반 쇼핑몰의 상품 구매 후기를 적는 블로그가 아니라 개인 쇼핑몰의 상품 판매와는 다르게 개인 쇼핑몰이 취급하는 상품과 그와 관련된 정보를 다루는 지식창고인 셈이다.

착한 블로그에 글을 쓰다가 상품 정보를 넣고 싶은 위치에서 적당한 위치를 선택해서 상품 정보를 입력하자. 상품 정보는 '사진'이나 '동영상'으로도 입력 가능하다.

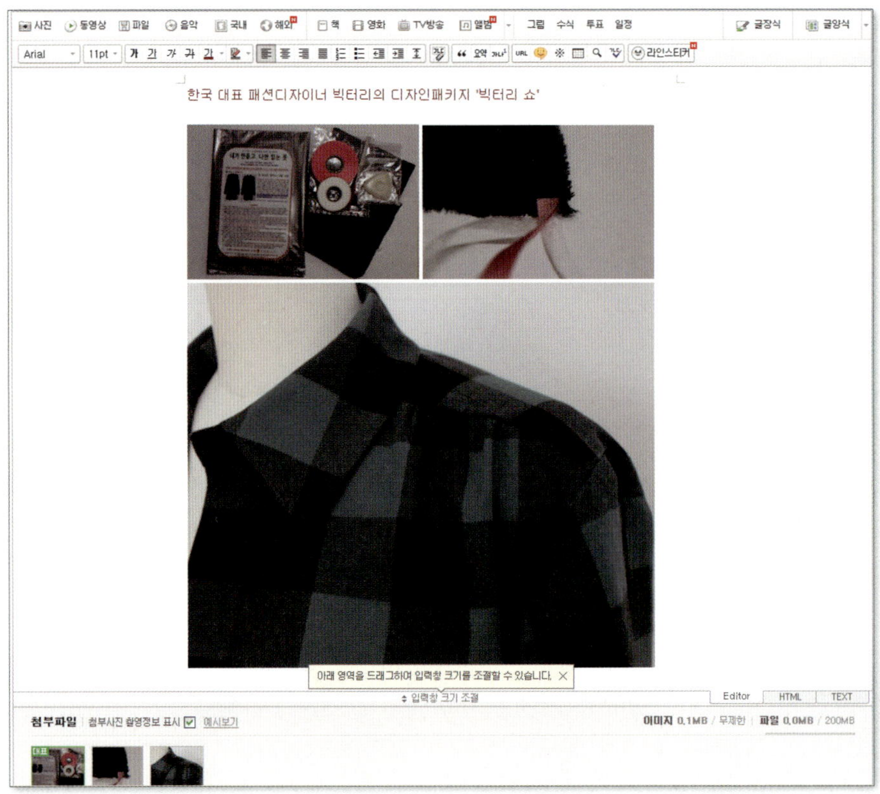

내용을 모두 작성하고 나서 [확인]를 선택하면 상품 정보가 글 사이에 들어간다. 드디어 위 이미지처럼 필자의 블로그 글에 상품 정보 [디자인패키지 '빅터리 쇼']가 포함되었다. 내 착한 블로그에 오는 사람들은 내가 올린 디자인패키지 상품정보도 같이 보게 된다.

2 대중성

착한 블로그는 대중성을 지녀야 한다. '대중성'이란 일반인들이 쉽게 이용할 수 있고, 쉽게 접근할 수 있는 이름을 가져야 하며, 일반인들에게 대부분 필요한 정보를 다뤄야 한다는 뜻이다. 개인 쇼핑몰을 운영하는 사람은 자기가 취급하는 상품에 대해 자부심을 갖고 어떤 다른 상품보다도 이러 저러한 점이 좋다는 사실을 소비자에게 홍보하려고 한다.

그러다 보면, 소비자가 알아듣기 어려운 전문 용어를 쓰거나 남들이 쉽게 알아듣기 어려운 세세한 설명을 붙이느라 상품 내용 이해보다 쇼핑몰 운영자의 지식을 이해해야만 하는 복잡한 상황에 빠지곤 한다.

사야할 물건이 있는 소비자가 관련 정보를 얻으러 착한 블로그에 왔는데, 정작 쇼핑을 결정하는데 도움 받을 수 있는 알아듣기 쉬운 이야기가 있는 게 아니라 고객의 귀가 받아들이기 어려운 전문용어와 복잡한 설명만 있다면 물건을 사고 싶다는 마음이 사라지고 만다.

착한 블로그는 그 처음 순간부터 관련 쇼핑몰의 주 소비자를 홍보의 대상으로 만들어야 하는데 기저귀 등의 유아용품을 파는 쇼핑몰과 연관되는 착한 블로그라면 어린이 건강 블로그여야 하고, 이 경우, 유아부터 초등학생 자녀를 둔 부모를 대상으로 해야 함으로 연령대가 20대 후반에서 40대인 남녀를 대상으로 내용을 구성해야 하는 게 포인트이다.

또한, 의류 상품 관련 착한 블로그라면 어느 연령대를 대상으로 하는 의류인지 먼저 염두에 두고, 20대 초반 여성을 대상으로 하는 캐주얼 의류를 파는 쇼핑몰이라면 착한 블로그 또한 20대 초반 여성을 대상으로 관련 정보를 구성해야 한다.

가령, 20대 초반 여성들이 관심을 가질 만한 이성 교제에 대한 정보 및 데이트에 입고 나갈 만한 옷스타일 등의 메뉴를 구성하는 게 좋다. 그 외에, 다이어트 정보와 성형수술 정보를 같이 담고, 패션코디 정보를 담을 때에도 20대 여자 연예인들의 코디 정보를 분석, 20대 여성 소비자들이 스타일을 연출함에 있어서 도움 될 정보를 담아야 한다.

20대 여성을 위한 상품을 준비하면서 착한 블로그에 정보성 글을 올렸는데, 29만명 이상의 방문자가 글을 보고, 내 글을 퍼간 사람만 980명이 넘었다. 이들에게 내 쇼핑몰 정보가 고스란히 옮겨가는 것으로, 내 글을 읽은 사람들은 내가 하는 일, 내가 판매하는 상품에 대한 정보까지 가져가게 된다.

폭발적인 반응에 감격한 필자가 필자의 착한 블로그 방문자들에게 더 자세한 지식과 정보를 알려주기 위해 약간의 전문성을 가미해서 다시 글을 올렸는데, 청담동이라는 지역적 제한과 디자이너라는 전문직에 대한 제목으로 한정했다. 그 결과, 조회 수는 1만5천여 명. 글을 퍼간 사람은 딱 4명이었다.

3 미래성

착한 블로그는 '미래성'이 중요하다. 내가 운영하는 쇼핑몰에 대한 다양한 쇼핑 정보와 상품 정보를 고객에게 전달하는 소식지 개념의 착한 블로그일지라도 고객 개개인을 위한 1:1 쇼핑

어드바이저 역할이 필요한데, 쇼핑은 유행 흐름이 있고, 소비자의 쇼핑 취향이 시시각각 변하는 것처럼 착한 블로그도 미래의 쇼핑 경향에 대해 대비하고 제시할 수 있어야 한다는 뜻이다.

그래서, 착한 블로그를 운영하려는 사람은 상품 제조와 판매에 익숙한 사람보다는 상품마케팅 분야의 전문가에게 어울리는 분야이다. 소비 패턴의 흐름과 변화를 예측하고 미래 소비구조를 대비해서 고객들에게 바람직한 쇼핑트렌드를 제시할 수 있어야하기 때문이다. 무엇보다도 소비자의 마인드를 읽어내는 능력이 필요한데, 그 이유는 착한 블로그를 찾는 사람들의 성향을 이해하는 것과 같다.

어떤 사람들이 착한 블로그를 찾을까?

쇼핑하는데 정보를 찾는다면 자기가 사려는 상품에 대한 정보를 찾거나 현재 유행하는 아이템을 잘 모르는 사람들이 대부분이다. 또한, 가격 차이를 좇아 싼 물건을 찾는 사람도 있지만, 대다수 쇼핑 소비자는 가격보다는 자기 이미지에 맞는, 유행 트렌드에 따라 쇼핑을 하게 되므로 착한 블로그의 특성은 쇼핑하려는 고객을 위한 현재와 미래의 유행 트렌드에 둬야한다는 이야기가 더 신빙성을 갖는다.

쇼핑을 하기 위해 백화점이나 온라인 쇼핑몰에 들러 상품을 찾는 사람일지라도 반드시 착한 블로그에 먼저 들러 정보를 얻어야 한다는 점을 중요하게 각인시켜야 한다. 그러려면, 착한 블로그는 쇼핑몰의 과거와 현재, 미래를 담고 있어야 하는데, 가장 중요한 부분은 바로 미래성이기 때문이다. 쇼핑 소비자는 현재 유행하는 상품보다는 현재와 미래를 동시에 담고 있는, 쇼핑 리더의 위치를 즐기고 싶어하기 때문이다.

4 정보성

착한 블로그는 무엇보다도 '정보성'을 빼놓을 수 없다. 쇼핑몰에서 상품을 판매하는 사람들이 착한 블로그를 운영해야 하는 이유도 소비자들에게 다양하고 심층적인 정보를 제공해주기 위함이기 때문이다.

예를 들어 보자. 우리가 잘 아는 인터넷쇼핑몰에 들러 상품을 사기 위해 구경한다고 하자. 만약 이 글을 읽는 당신이라면 어떻게 하겠는가?

ⓐ 먼저 인터넷쇼핑몰 주소를 입력하고 해당 사이트를 방문한다.

ⓑ 쇼핑하려는 상품이 속한 카테고리를 찾아 클릭하고, 가장 위에 나온 상품부터 살펴보기 시작한다.

ⓒ 디자인이 맘에 들고 믿을 만한 판매자가 판매하는 상품이라면 클릭해서 자세하게 본다.

ⓓ 상세 페이지까지 꼼꼼하게 살펴보고 가격도 보고나서 다시 나온다. 해당 페이지는 즐겨찾기 필수.

: 직접 구매하는 경우는 극히 드물다. 요즘엔 쇼핑몰별로 가격 차이도 다르기 때문이다.

ⓔ 다른 쇼핑몰로 가서 해당 상품 이름을 입력하고 같은 상품을 찾아보며 더 살펴본다.

ⓕ 위 ⓓ와 마찬가지로 몇몇 곳을 더 훑어본 뒤 즐겨찾기 해둔 상품을 집중 비교한다.

ⓖ 배달 시기, 상품 가격, 판매자 정보, 상품 모델 번호 등을 살펴보고 가장 좋은 상품을 고른다.

ⓗ 물건을 받은 뒤에도 배달원 있는 앞에서 포장을 열어 파손 여부, 동일 상품 여부를 확인한다.

위와 같은 온라인쇼핑의 과정 중에서 '착한 블로그'는 ⓓ 다음과 ⓔ 사이에 들어가는 과정이다. 가령, 한 쇼핑몰에서 상품을 본 소비자는 여러 쇼핑몰을 둘러보며 자신이 원하는 상품의 가격과 여러 조건들을 살피는데 착한 블로그는 이러한 소비자의 시간 낭비와 수고를 덜어주는 기능인 것이다.

생각해보자. 인터넷에서 내가 원하는 물건 쇼핑을 위해 여기저기 쇼핑몰을 둘러보며 상품을 찾아보는 수고를 할 것인가? 아니면, 일목요연하게 정리된 착한 블로그에서 각 쇼핑몰별 각 상품별 전문화된 정보를 제공받은 후, 거기서 가장 좋은 조건의 사이트를 방문하여 물건을 살 것인가? 착한 블로그는 이러한 소비자의 수고를 덜어주는 '정보'를 담고 있어야 한다.

5 수익성

착한 블로그는 무엇보다도 '수익성'이 중요하다. 착한 블로그를 운영하는 것은 쇼핑몰 운영자 본인이 직접 한다고 해도 개인의 시간이라는 비용이 들어간다. 운영자가 직원을 고용해서 대리하게 할 경우에도 직원 급여가 쓰이게 된다. 한 마디로 착한 블로그도 어떻게 보면 사업을 하는데 필수적인 '시간적 비용'이 들어갈 수 있다는 뜻이다.

그러나, 착한 블로그를 통해 내 쇼핑몰을 홍보하고 내 쇼핑몰에서 상품 판매가 이뤄져 거기서 나온 수익으로 착한 블로그를 운영하는 비용을 충당한다고 해도 착한 블로그 초창기에는 이

또한 어려운 일이다. 더구나, 내 쇼핑몰이 많이 알려지지 않은 상태이고 하루에 방문하는 방문자도 적으며 구비해둔 상품 가짓수도 많지 않다면 문제는 더욱 심각해진다.

키워드광고로 내 쇼핑몰 알리기보다는 착한 블로그를 통한 홍보 방법이 돈이 안 드는 방법이지만 쇼핑몰 운영자의 시간이라는 현금 외적 비용이 발생하기 때문이다. 그렇다면, 어떻게 해야 할까? '착한 블로그'는 투자 개념으로 마케팅 비용이라고 생각하고 쇼핑몰 상품 판매에 역점을 두고 노력해서 비용을 충당하려고 해야 할까? 아니다.

필자가 인터넷 쇼핑몰 운영자들이 반드시 해야 할 인터넷 홍보 수단으로서 착한 블로그를 추천하는 이유는 '비용'인 동시에 '수익'이 생기는 자생 구조를 갖춘 게 바로 착한 블로그이기 때문이다. 다시 말해서, 착한 블로그는 자급자족이 가능한 '나무'와 같다고 보면 된다.

나무는 땅 속에서 양분과 물을 흡수해서 광합성을 하고 산소를 발산하며 열매를 맺는다. 착한 블로그는 그 자체로서 광고 등의 수익모델을 통해 운영되고, 착한 블로그에 담기는 정보 콘텐츠를 통해 쇼핑몰과 이어져 쇼핑몰 매출이라는 열매를 갖게 되는 것이다.

착한 블로그라는 나무에 놀러 와서 암술과 수술을 섞어주는 역할을 하며 착한 블로그라는 나무에서 살아가는 존재는 바로 소비자가 된다. 이른바, 나무에 사는 벌과 곤충, 새들이 나무를 더욱 풍성하게 만들 듯, 착한 블로그에 찾아온 소비자들이 쇼핑몰 운영자와 더불어 호흡하며 쇼핑몰 매출 증대라는 열매를 갖게 해준다는 뜻이다. 착한 블로그는 그 자체만으로도 '수익'을 갖출 수 있으며, 착한 블로그 운영자는 반드시 이 점을 고민하고 시작해야 한다. 착한 블로그의 수익에 대해선 뒤의 단락에서 설명하도록 한다.

착한 블로그, 파워 블로거와 제휴하기

착한 블로그를 운영하기 시작하면서 초창기 갖는 생각은 공통적인데, '어떻게 하면 빨리 내 착한 블로그를 알리고, 쇼핑몰 매출을 올릴 수 있을까?'하는 바람이다. 필자도 마찬가지로 착한 블로그를 시작하면서 약간의 긴장감과 조바심을 갖고 시작했지만, 일반 누리꾼들의 반응은 영 신통치 않았던 것도 사실이다.

하루에 100명은 고사하고, 몇 십 여명만 방문해줘도 감지덕지한 상태가 꽤 오랜 시간 지속되었고, 그 원인을 찾아서 대책을 세우기보다는 착한 블로그를 해야 하나 말아야 하나를 고민하던 힘든 시기였다.

그러나, 1년여의 시간이 지나자 하루 방문객은 2,000명 정도를 너끈히 넘었고, 2009년 6월경에는 하루 방문자만 5천여 명 정도는 꾸준히 유입되고 있었다. 별다른 활동을 안 해도 착한 블로그만의 콘텐츠가 누적됨에 따라 지속적인 방문 유입이 이뤄졌던 것이다. 네이버 블로그로 옮긴 후에는 10만 명 이상의 방문자가 찾았고 매일 꾸준한 상승세를 보이고 있다.

그러나, 이와 같은 수치를 얻으려면 무엇보다도 꾸준한 착한 블로그 관리가 필요한데, 대부분의 초창기 운영자들은 시간과의 싸움에서 조바심을 내곤 한다. 그래서, 그들이 바라는 건 '잘 나가는 파워블로거'를 찾아서 그들에게 업혀가는 전략(?)을 세워보기도 한다.

파워블로거는 누구인가?

파워블로거란 글자 그대로 '힘(POWER) 있는 블로그를 운영하는 사람'을 말한다.

'힘 있는 블로그'란 하루에 많은 사람들이 방문하는 블로그로서 그 블로그를 운영하는 사람이 어떤 글을 올리던 많은 이들에게 자동 전달되고, 많은 수의 누리꾼들에게 영향력을 줄 수 있는 사람을 말하는데, 파워블로거를 지칭하는 정의를 내려 보자면 대략 이렇게 정의가 된다. 하루에 블로그 방문자 2천명 이상, 즐겨찾기 5백 명 이상, 블로그에 올라온 글 100개 이상 정도이다.

그렇다면, 그들은 어떻게 파워블로거가 되었을까? 그들만의 노하우를 알려달라고 쫓아다니고 싶어도 가능할 수 없는 노릇이고, 대부분의 파워블로거는 자기 신분을 잘 드러내지도 않으니 어떻게든 그들과 연락하고 지내고 싶은 이들의 마음을 몰라줘도 한참 몰라주는 것이다.

그러나, 방법은 찾는 자에게 있다. 문은 두드리는 자에게 열린다라는 말도 있다. 이제 갓 시작한 내 착한 블로그, 파워블로그와 제휴하는 방법을 알아보자. 내친김에 내가 파워블로거가 되어보고 직접 잘 나가는 블로그를 운영하고자 하는 목표를 정하고 도전해보자.

파워블로거와 제휴하는 방법

호랑이를 잡으려면 호랑이 굴에 들어가야 한다. 파워블로거와 만나려면 파워블로거를 찾아야 하는데, 파워블로거를 찾기란 그다지 어렵진 않다. naver에서 해마다 파워블로거를 심사하고 그 목록을 공개하기 때문이다. 일단, 파워블로거를 찾아가보자.

출처: http://section.blog.naver.com/

Naver에서 [블로그] 메뉴에 들어가 보면 중간에 [파워블로그]란 표시 영역이 보인다. 그 위에 마우스를 클릭하면 위 이미지와 같이 각 영역별로 구분한 파워블로거들이 나타난다. naver에선 파워블로거를 쉽게 찾았다.

출처: http://section.blog.naver.com/sub/PowerBlogList.nhn

위와 같이 파워블로거를 찾았다면, 이제 다음 단계는 그들과 친해지기이다. 파워블로거가 살고 있는 집이나 다니는 학교, 그들이 근무하는 회사를 알면 당장 쫓아가서 만나거나, 안 만나주면 기다리기라도 할 텐데 이건 완전히 온라인 세상에 사는 사람들이니 어떻게 만나야 하나, 어떻게 친해지나 고민된다.

이때 쓰는 방법은 파워블로거가 살아가는 온라인 세상에서 먼저 그들과 친해져야 한다는 방법이 된다. 온라인에서 파워블로거와 친해지는 방법은 몇 가지로 요약되는데,

I 이웃 맺기, 통하기

블로그에는 '이웃 맺기' 기능이 있다. 싸이월드 미니홈피의 '1촌 신청'과 흡사한 기능으로, 파워블로거에게 '우리 친하게 지내요'라는 신청을 하는 것이다. naver 파워블로거와 이웃 맺기 신청을 하려면 [이웃 맺기]를 선택 후, [서로이웃]을 선택하면 된다. 그러나 다수의 블로그 운영자들은 [이웃 맺기] 기능에 대해 그다지 중요성을 느끼지 못하는 듯하다. 필자의 경우에도 상관없이 모든 글을 [공개]하고 있기 때문이다.

간혹, [비공개]로 하는 경우도 있지만, 이 경우엔 블로그에 올릴 만한 콘텐츠가 아니거나 개인적 정보로 갖고 있으려는 생각이어서 그렇다. 그래서 블로그의 모든 콘텐츠는 [공개]로 해둔다.

일단, 이웃 맺기 신청이 받아들여지면 이제 좀 더 친숙한 관계로 발전하는 단계로 넘어가야 하는데, 파워블로거가 올린 글을 꾸준히 받으면서 개인적 감상평과 의견을 제시해도 좋고, 이

따금 파워블로거의 블로그에 와서 방명록에라도 인사 글을 남기는 게 좋다.

파워블로거들은 하루에 한 번은 블로그에 와서 자기 블로그를 관리하는 사람들이라서 방명록이나 자기 글에 댓글이 달린 걸 꼼꼼히 챙기는 습성이 있다.

2 선플(착한 덧글) 남기기

이른바, '선플(착한 덧글)' 작전. 남의 글이나 기사에 대해 읽고 난 뒤 해당 글에 대해 '칭찬'을 하라. 감사히 잘 읽었다는 짧은 글도 좋고, 경우에 따라 내 블로그로 가져가겠다는 글도 좋다. 어떻게든 파워블로거의 글과 블로그에 대해 관심을 보이고, 계속 연락하고 지내는 온라인 친구가 되는 것이다.

우리가 사회 생활에서 처음 만나게 되어 친해지는 것도 같다. 서로 인사하고 명함만 교환한 사이는 절대 친하게 되진 않는다. 계속 만나고, 인사하고 업무상 협조하고 해야 같은 '동료'라는 인식이 생기고 '동지애'가 싹튼다. 온라인상에서 이뤄지는 파워블로거들과의 교류도 크게 다르지 않다. 친해지는 단계는 파워블로거의 지명도를 얻는 첫 단추인 셈이다.

3 질문 하고 답하기

파워블로거는 우선적으로 자기 블로그를 찾아주는 사람들을 관리하는데 익숙하다. 파워블로거들은 대부분 자기 블로그 방문자를 분석하는데 열심이고, 연령대별, 성별, 시간대별 분석을 통해서 언제, 어떤 글을 올려야 가장 많은 사람들이 방문하겠다는 나름의 대책(?)도 세워놓은 사람들이 많다.

이 경우, 파워블로거들은 질문 주고받기에 민감하게 되는데, 비밀 덧글이나 방명록에 남겨진 글에 대해서조차 일일이 확인하게 되므로, 파워블로거가 운영하는 블로그를 보고 있다면 그 블로그 어느 곳이던 궁금한 내용에 대해 관심을 표현하는 게 좋다.

파워블로거 입장이 되어 생각해보면 쉽게 이해가 된다. 파워블로거란 다름 아니라 그 블로그를 많이 찾아와주는 사람들 덕분에 차지할 수 있는 위치인데, 찾아오는 사람들을 냉대했다가는 언제 다시 일반 블로거로 내려앉을지 항상 고민하는 위치이기도 하다는 뜻이다.

파워블로거라는 위치를 오래 갖고 있을수록 온라인 세상에서 자기 의견 내세우기에 영향력이 있다는 걸 인정받을 수 있으므로 단 한 명의 방문자가 남긴 글이라 하더라도 관심 갖고 대처 하곤 하는 것이다.

파워블로거 친구 맺기 TIP

* RSS 기능 100% 활용하기

착한 블로그를 운영하기 시작한 사람들은 누구나 이런 생각을 하며 투덜거린다. 난 하는 만큼 열심히 하는데 왜 방문자가 늘지 않을까? 이들의 특징은 공통점이 있는데 매일매일, 어떤 날은 하루에도 몇 번씩 블로그에 들어와서 글을 올리고, 이미지를 올리고, 동영상을 다시 추가하는 등 굉장히 열심히 한다는 것이다.

하지만, 열심히 착한 블로그 내용만 올려도 방문자 수는 가뭄에 콩 나듯 조금씩 늘어날 뿐, 도대체 왜 방문자가 들어오지 않는지 모르는 경우이다. 바로 이럴 때 눈여겨봐야 하는 기능이 RSS라는 것이다. 아래 이미지에서 보이는 작은 글씨의 RSS를 말하는데, 각 블로그에는 어느 곳이나 이 RSS 기능을 쓰게 되어 있으므로 반드시 눈여겨보고 활용하도록 하자.

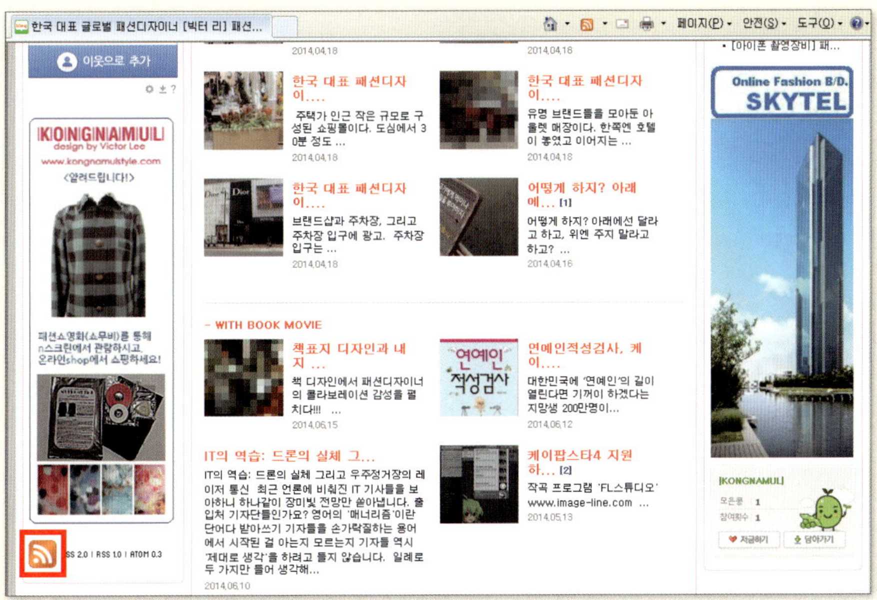

RSS란 쉽게 말해서 블로그에 올려진 글들을 블로그 방문하지 않고 RSS 사이트나 관련 프로그램
으로 받아볼 수 있는 기능을 말한다. 블로그에 와서 봐야할 내용인데 왜 블로그에 오지 않고 다른
곳에서 받아보느냐고 의아하게 생각될 수 있다.

RSS 기능이란 마우스로 각 블로그를 이동하느라 허비할 수 있는 시간을 절약해주게 되는데, RSS
기능으로 어떤 사이트에서 내가 구독하는 모든 글들을 내가 지정한 페이지를 통해 동시에 볼 수
있는 기능인 셈이다. RSS를 걸어둔 여러 블로그의 글들을 모은 방문자는 해당 블로그를 방문하지
않고도 특정 페이지에서 모든 글들을 동시에 볼 수 있는 장점을 갖게 되는 것이다.

그리고 RSS 기능 외에 여러 블로거들의 글을 모아서 보여주는 메타블로그라는 곳도 있다. 메
타블로그란 인터넷 상의 많은 블로거들의 글을 각 태그(키워드) 별로 모아서 블로그를 분류하
고 보여주는 곳인데, daum이나 naver처럼 방문자가 많은 장점은 없으나 전문적으로 인터넷
기반에서 활동하는 사람들은 메타블로그 사이트에도 들러 정보를 얻는 사람이 꽤 많다는 점이
앞으로의 발전 가능성을 증명한다.

인터넷은 [검색]으로 이뤄지는 정보 결과를 보여주는 곳인데, 이러한 특색을 안다면 '메타블로그'에 대해 가벼이 볼 수 없게 된다. 생각해보자. 검색 로봇이 인터넷을 일일이 다니면서 글을 모아 어느 누군가의 검색 결과로 내보여주는 게 편하겠는가? 아니면, 검색어와 그 비슷한 단어에 연관된 블로그 사이트를 모아둔 메타블로그에 들러 일시에 많은 정보를 긁어오는 게 편하겠는가? 인터넷 검색은 검색의 정확성도 중요하지만 무엇보다도 빠른 검색 결과를 가져오는 게 중요하다.

메타블로그를 활용하는 방법은 각 사이트에 들러 회원가입을 하고, 내가 운영하는 착한 블로그의 RSS 주소를 등록하면 되는데, 각 사이트 별로 설명이 자세하게 되어 있으므로 살펴보도록 하자.

(5)

착한 블로그 홍보하기

착한 블로그를 만들고 파워블로거와의 제휴도 어느 정도 진행되었다면, 이제 직접 홍보에 나서보자. 쇼핑몰 사업을 하면서 누구나 생각하게 되는 키워드 광고비를 아껴보고자 시작한 착한 블로그, 일단 첫째는 돈 안 쓰고 시작하는 방법만 선택해야 하고, 두 번째 방법은 블로그를 운영하는데 필요한 경비정도는 블로그에서 나오는 수익으로 충당하자는 목적이 있겠다.

착한 블로그와 같은 블로그가 인터넷 검색을 통해 누리꾼들에게 보이는 방식은 크게 인터넷 검색을 통해 보이는 방법인데, 그 기준을 알고 내 착한 블로그 홍보를 시작하면 좋다. 가령, naver에서 검색창에 특정 검색어를 넣으면 그 결과가 보인다.

naver에서 '빅터리'라는 검색어를 넣어보자.

위 사이트에서 '빅터리'를 검색한 결과가 노출이 된다. 검색 결과를 보여주는 순서는 사용자 별로 다르므로 크게 유의할 내용은 아니다. 가령, A 사용자가 어떤 단어를 검색하면서 블로그를 본다면 다음에도 검색결과는 블로그 결과부터 보이는데, A 사용자가 이미지 검색을 자주 하는 사람이라면 이미지 검색 결과가 제일 위로 표시된다. 사용자에 따른 검색결과 페이지를 보이는 방법으로 포털 사이트에서 개발하여 적용하는 것일뿐이고 모든 사용자에게 똑같은 순서로 보이는 것만은 아니다.

왜 그럴까? 그 이유는 각 사이트의 검색 순위 집계 방식도 다르고, 검색 결과를 가져오는 프로그램의 기능이 약간씩 달라서 이런 결과가 나올 수 있다. 그 외에 다른 이유로, 필자가 착한 블로그의 주소를 naver에 등록해두지 않아서일 수도 있다. 이야기가 나온 김에 알아두자. 내가 착한 블로그를 시작했다면, 처음엔 내 착한 블로그에 콘텐츠 쌓기에 치중하고, 어느 정도 콘텐츠가 쌓였다고 생각되면 naver, google 등에 들러 반드시 주소를 등록해 두자.

착한 블로그 주소 등록은 각 사이트에서 검색할 경우 우선적으로 검색되는 혜택이 있다. 각 사이트 별로 정확도 높은 검색 결과를 누리꾼들에게 제공하기 위해 검색 로봇을 운영하는데, 자기 사이트를 먼저 검색하고, 다른 사이트를 검색하게 되는 경우도 있고, 조회 수가 높은 검색 결과를 우선 보여주게 된다.

최근엔 인터넷 검색을 하는 사람들의 회원 아이디 및 주로 사용하는 컴퓨터의 주소에 따라서 이용자가 원하는 검색 결과를 재편집해서 보이게 하는 기능도 많다. 누리꾼의 검색도 그때마다 트렌드가 있어서 검색 활동을 검색로봇이 맞춰가는 것이다.

따라서, 착한 블로그를 만들고 홍보를 한다면 일단, 좋은 콘텐츠가 우선적으로 필요하고, 그 다음으로 콘텐츠를 올릴 때 제목과 본문 내용, 검색어가 되는 태그를 정하는 게 중요하다.

내 착한 블로그 방문자 늘리기에 태그(TAG) 활용하기

'태그'란 인터넷 포털 사이트에서 검색할 경우, 검색 결과를 빠르게 찾아주기 위해 각 콘텐츠에 관련된 키워드(중요 단어)를 말한다.

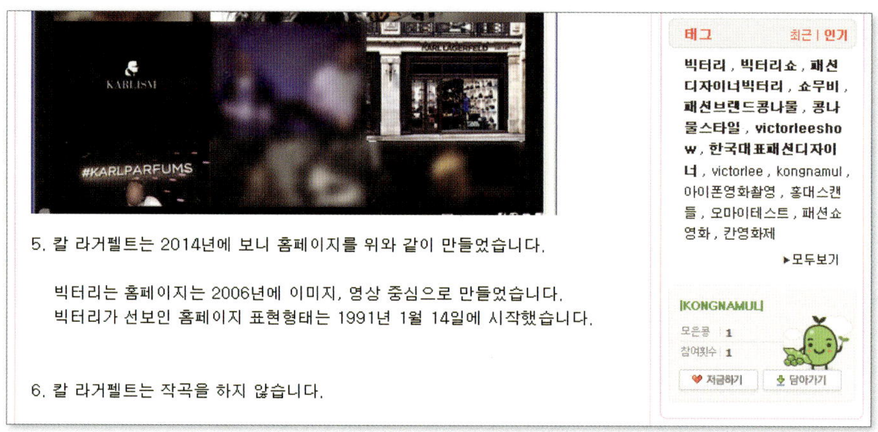

가령, 패션디자이너의 패션브랜드 사업에 대한 글을 쓰고, 관련 태그로 '패션쇼, 청바지, 스타일리스트, 모델리스트' 등이라고 할 경우, 이에 관련된 검색에서 해당 글이 보이며, 각 착한 블로그 내에 설치되는 블로그 광고 또한 태그 관련 광고가 보이게 된다. 그래서 태그는 각 블로그 콘텐츠를 작성할 때 최대한 많이 지정해두는 게 좋다. 그 이유는 누리꾼들의 인터넷 검색을 통해 태그를 활용, 내 블로그 방문을 기대할 수 있기 때문이다.

☑ 착한 블로그 홍보, 이것만은 알고 시작하자

① 인터넷에서 착한 블로그가 검색될 때, 블로그 검색의 경우 블로그가 만들어진 분야로 검색되고, 일반적인 검색을 할 경우엔 블로그 글 제목으로 검색된다. 블로그에 글을 올릴 때, 제목에 신경써서 인기 있는 검색어 위주로 정하도록 한다.

② 착한 블로그에 글을 올릴 때에는 반드시 '전체 공개', '검색 허용', 'RSS 검색 허용'을 체크해야 하며, naver의 경우, '오픈사전 등록' 및 '지식인 Q&A'에 등록을 신청해 두어야 한다. naver의 검색 결과는 지식인 서비스 및 오픈사전과 각 글의 설정에 의해 보이게 된다.

③ 착한 블로그 주제에서 벗어나지 말고, 집중하라!
내가 운영하는 쇼핑몰, 내가 운영하는 착한 블로그의 주제에서 벗어나지 말고, 일관된 내용의 다양한 정보를 올리는 게 좋다. 정보의 전문성도 생기고, 방문자들로부터 신뢰도도 높아지게 된다.

④ 내 착한 블로그와 비슷한 주제로 활동하는 다른 블로거들을 찾아다니며 인사하고 친해지자. 상대방도 나와 같은 열혈 운영자라면 내 블로그에 와서 다시 덧글을 달아주게 되고, 그 과정에서 인터넷 인맥이 생긴다. 인터넷 인맥은 나중에 많은 소비자 고객으로 되돌아온다. 단 한 명의 블로거라도 소중히 응대해야 한다.

⑤ 착한 블로그 관리는 최대한 하루에 하나 이상은 새로운 콘텐츠를 올려야 한다. 인터넷은 검색과 속도의 공간이다. 매일매일 관리가 안 되면 금방 잊혀지고 사라지게 된다. 매일매일 끊임없는 콘텐츠 작성으로 방문자들의 발길을 계속 유지해야 한다. 내가 요령 피우고 쉬게 되면 내 착한 블로그를 찾던 방문자들도 나를 잊게 된다.

⑥ 착한 블로그에 올려지는 각 콘텐츠의 제목은 의문형으로!
가령, 유아용품을 판매하는 쇼핑몰에 연관된 착한 블로그라고 하면 운영자가 콘텐츠를 올릴 때 "올 봄 우리 아이에게 좋은 이유식은?"
"우리 아이, 아토피, 이것만 알면 백전 백승!"
"아이들이 엄마에게 숨기는 하고 싶은 것과 먹고 싶은 것"
이런 식의 의문형 제목이 방문자의 유입을 늘려줄 수 있다. 궁금하면 찾아오고, 더불어 그 내용까지 훌륭하다면 방문자가 늘어나는 것은 당연지사. 단, 제목만 그럴싸한 글은 삼가야 한다.

7 글을 올릴 때에는 반드시 이미지를 넣는 게 좋다.
인터넷을 하는 컴퓨터는 모니터를 통해 보이는데, 방문자가 들어올 때 내 착한 블로그에
는 매번 글만 있다면 좀 답답함을 느낀다. 이미지나 동영상 등을 첨부해서 찾아주는 이의
귀와 눈을 즐겁게 하자.

8 착한 블로그에 상품 정보를 올린다면 반드시 '링크'를 활용하자.
가령, [아토피에 좋은 청바지 고르는 법]이란 정보를 올리면서 운영하는 청바지 상품 카테
고리를 글 사이에 넣어주는 방식이다. 상품을 파는 페이지를 연결할 때에는 무조건 '가라!'
는 식의 강요형은 삼가고, [아토피에 좋은 청바지 상품 정보 보기] 등이란 제목을 달아서
방문자들이 인식하기를 쇼핑 블로그 운영자가 자기 글을 올리면서 관련 상품의 샘플들을
보이려 한다는 이미지를 주는 것이다.

네이버에서 캐스트로 홍보하기

네이버에서 인기를 얻는 캐스트는 어디일까? 공부를 잘 하려면 공부 잘하는 범생이랑 친구가
되어야 하듯이 네이버 캐스트로 내 착한 블로그 홍보도 제대로 하려면 이미 잘 하고 있는 캐스트
를 쫓아가야만 한다. 잘 나가는 인기 캐스트의 장점을 찾아서 내가 만들 캐스트에 적용해보자.

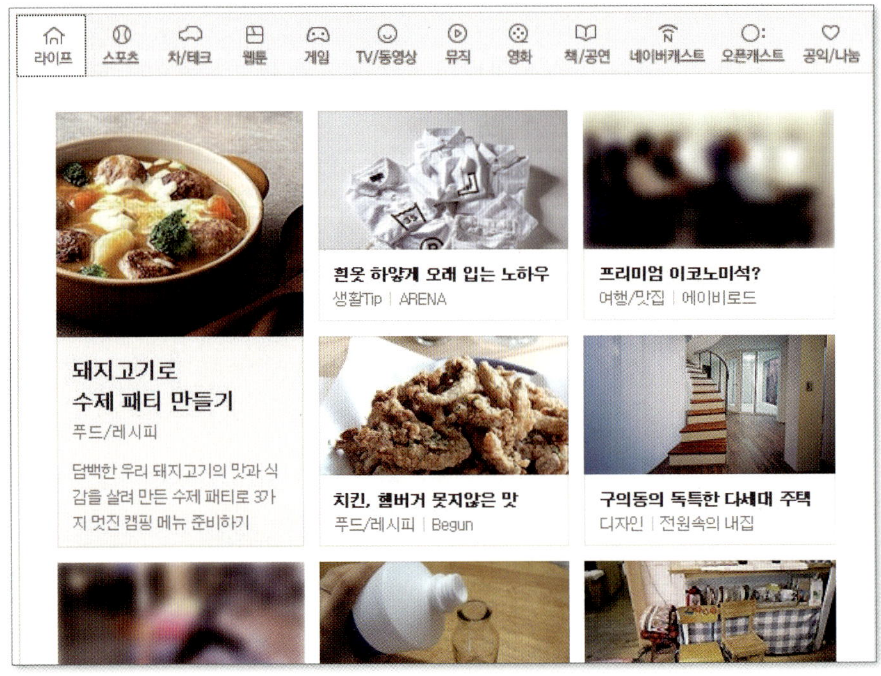

네이버 캐스트는 첫 페이지 뉴스캐스트 영역 바로 아래에 보이는 부분이다. 하루 수천만 명이 방문하는 곳이니 만큼 어마어마한 조회수를 보장해주는 곳이다. 일단 노출만 되면 말이다.

그런데 블로거들에게 해당되는 영역은 주로 여기 '오픈캐스트'가 된다. 라이프/취미, 문화/엔터, IT/비즈/학습, 여행, 요리 영역으로 구분된다.

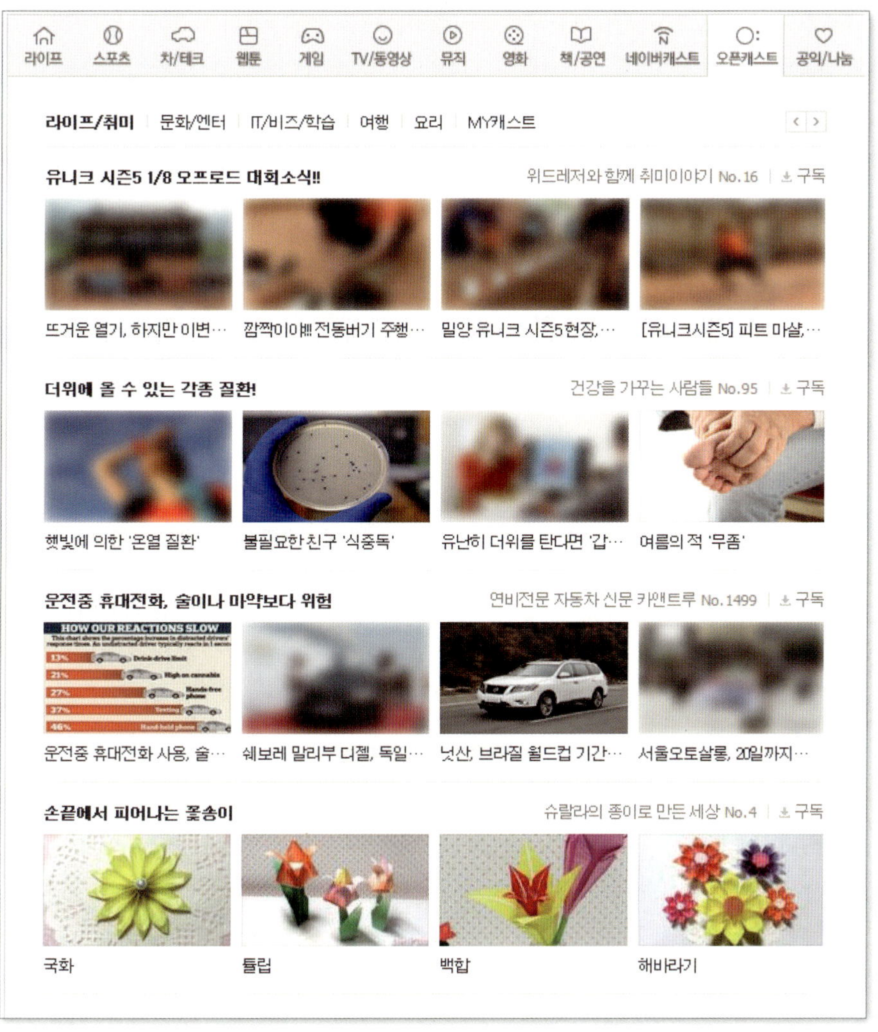

네이버에서 블로그를 만들고 방문자 수를 기대한다면? 네이버에서 오픈캐스트를 발행하고 내가 운영하는 착한 블로그 또는 사이트, 쇼핑몰 등으로 인터넷 누리꾼들의 방문을 유도하는 게 가장 빠르다. 그리고 이 경우 무엇보다도 선결조건이 되어야할 부분은 필요한 연령대의 누리꾼들을 향한 직접 만든 콘텐츠에 정기적이고 새로운 정보로의 변경이라고 하겠다.

네이버의 오픈캐스트는 정식 서비스 이후, 창작 콘텐츠를 가진 네티즌이 인기 캐스트를 확보할 수 있었으며 네이버 내에서 블로그와 카페를 운영하는 경우가 좋다는 결론에 도달할 수 있다.

또한, 초창기 daum 블로그에서 활동하던 인기 블로거들이 네이버의 오픈캐스트의 장점을 기대하고 daum과 네이버에서 동시에 블로거를 운영하고 있다는 현실 상황도 눈여겨보면서 자신의 블로그를 어떻게 운영할 것인지 계획을 세우는 게 중요하다.

(6)

착한 블로그 '수익+'

블로그의 종류

블로그는 인터넷에서 개인 홈페이지처럼 운영하는 것으로, 개인의 자유 의견을 적는 1인 미디어로 불리는데 영상 위주의 동영상 블로그와 글과 사진 중심의 텍스트 블로그가 있다. 최근엔, 다양한 플래시 기능을 활용한 설치형블로그도 등장했으나 장기적인 관점에서 보자면, iPTV 및 동영상 주류 트렌드를 반영한 동영상 형태의 블로그가 추천할만하다. 미래의 블로그는 블로거의 iPTV화 되어 인터넷방송으로 진화하게 될 것으로 예상되므로 블로그를 운영함으로서 동영상 광고 게재도 가능하도록 준비해둬야 하기 때문이다.

블로그는 설치형 블로그와 포털 블로그가 있는데, 홍보면이나 미래를 위한 지원을 확보하기 위해서라도 포털사이트 블로그가 좋다.

먼저, 설치형 블로그를 알아보자면, www.tistory.com가 대표적이다. 티스토리는 daum에서 인수, 포털사이트를 통해 티스토리 블로그에서 올라온 포스트(글)을 노출해주는데, 내용에 따라 daum 첫 페이지로 이동하게 되어 매우 많은 방문자가 유입된다. 필자의 경우, 글 하나에 하루 30만 명 이상의 방문이 이뤄진 적도 많다.

반면에, 포털 사이트에 만드는 블로그가 좋다는 이유는 수많은 네티즌이 검색하는 장소라는 점이 장점이고, '검색'에 의해 내 쇼핑몰 블로그가 더 자주, 많이 노출될 수 있다는 점이다. 그 이유는, 포털사이트의 특성상 [검색]에 수반되는 [콘텐츠]가 필요한데, 바로 이 콘텐츠는 정보로 직결되고, 그 정보를 만드는 수많은 네티즌들이 '블로그 운영자'이기 때문이다. 블로그 운영자들이 양질의 콘텐츠를 만들고, 네티즌들이 검색을 통해 좋은 결과를 얻을 수 있다는 결과로 연결이 되기 때문이다. 따라서, 포털 사이트에 만들어진 블로그는 네티즌들에 의해, 포털 사이트의 운영사측에 의해 검색 결과로 많이 보이게 되는 것이다.

1인 미디어인 블로그 방문은 검색을 통해 주로 이뤄지는데, [즐겨찾기]와 [통하기] 기능을 이용해서 RSS를 이용한 자동 구독자가 될 수 있고, 덧글과 방명록 남기는 글을 통해 방문자의 이메일 확보도 가능하다. 블로그 하나를 통해서, 개인의 이미지 브랜드 홍보도 하고, 방문자의 이메일 주소와 연락처 확보로 지속적 관리가 가능하다는 점이 매력이다.

블로그의 개략적인 의미를 알았다면, 이제 본격적으로 블로그 속으로 들어가 보자.

블로그 글 쓰기 & 광고

블로그에 정보성 글을 올리면 포털 사이트를 검색하는 네티즌들이 검색 결과로 보인 이 글을 클릭하고 블로그로 들어오게 된다. 블로그에 내 쇼핑몰 관련 정보와 링크를 달아둔다면 네티즌이 쇼핑몰까지 이동하게 된다는 구조가 만들어진다는 이야기다.

블로그를 운영하는 사람 입장에선, 쇼핑몰과 연계되는 착한 블로그 기능 외에도 블로그 자체만으로도 다양한 수익을 낼 수 있는 방식이 있는데, 이 블로그에도 운영자의 수익에 연결되는 광고들이 있다.

내 블로그 방문자가 클릭할 경우 수익이 발생되는 광고수익 모델이기도 하다. 기타 형태로 광고가 보이는 횟수에 따라 광고료가 지급되는 방식도 있다. 그렇다면 내 블로그에 방문자들이 많이 와서 광고가 많이 노출되면 그만큼 수익이 더 생긴다는 뜻이다.

세계 최대 온라인 검색 광고 회사인 '구글'도 이와 같은 방식의 광고상품을 판매하면서 네티즌들에게 자기 카페, 블로그, 사이트 등에 구글 광고를 설치하게 하고, 광고 효과 대비 수익을 지급하는 사업을 했다. 구글에서 블로그 운영자들에게 애드센스 광고수익 셰어 상품은 영어권 네티즌들에겐 큰 수익으로 화제가 되어 수십억 원을 버는 네티즌도 있긴 하지만, 국내의 경우 월 몇 만원에서 300만원, 그 이상도 버는 네티즌이 나왔다.

필자도 운영해본 결과 구글 광고를 내 블로그에 껴서 노출시킬 경우 기대수익이 더 높았으나 포털의 노출횟수에 따른 수익 차등이 심해지고, 네이버 등의 블로그에 구글 광고가 차단됨으로써 수익 기대치가 가변적이라는 단점을 발견했다.

그러나, 결과야 어떻든 블로그 하나만 잘 운영하면 블로그를 통한 내 쇼핑몰 홍보뿐 아니라 블로그 자체로 수익을 낼 수 있는 사업모델이 가능하다는 점이다. 게다가, 필자의 경우, 블로그 각 글에 필자의 브랜드를 위한 사진과 패션브랜드를 삽입, 네티즌들에게 미의식적 숙지 효과를 얻기 위해 운영했는데, 나중에 보니, 필자를 모르는 사람도, 필자 블로그 글에 딸린 사진을 보고 '아, 나 이 사진 아는데'라는 경우도 있었다.

✅ 블로그 글, 어떻게 써야 사람들이 많이 볼까?

블로그의 글은 시사성, 시의성, 정보성에 근거하여 간결한 문체로 작성하는데, 현장 기사 및 전문 분야 기획기사가 노출 빈도가 높다. 위 블로그에 올린 글도 '현장 취재' 방식으로 대낮 시내에서 벌어진 주류운반차량의 전복사고에 대한 내용이었고, 해당 포털 사이트에 노출되어 많은 방문자가 생긴 글이었다.

이와 비슷한 경우로, 가령, 쇼핑몰의 경우 '실용서', '경제경영서' 원고류의 형식으로 콘텐츠를 구성하되, 블로그에 어울리는 기사형식의 글로 가공해야 하는 과정이 필요하다.

블로그에 쓰는 글은 1차적으로 블로그 기사로 광고 노출을 통해 수익을 내고, 2차적으로 내 쇼핑몰로 연계되어 상품 판매라는 매출로 이어진다. 그리고 간혹, 글의 성격에 따라, 내 블로그의 글을 보고 기타 일간지, 주간지 등의 매체에서 전재 요청이 오고 원고료가 지급되는 경우도 생기는 것이다.

최근에는 블로그를 통해 수익을 올리는 기회가 더 커졌다. 네이버에서도 인터넷 콘텐츠로 블로그 등의 글을 첫 페이지로 노출을 해주는 것인데 네이버에는 오픈캐스트란 이름으로 서비스된다. 네이버 회원이라면 오픈캐스트 서비스를 이용, 글을 만들거나 다른 곳의 블로그 글을 가져와서 오픈캐스트를 꾸밀 수 있다.

그러나, 저작권 문제가 있는 만큼 남의 글을 가져오기란 쉽지 않을 것이고, 자기가 직접 글을 써서 오픈캐스트를 운영해야한다는 것인데, 10대, 20대 초반 이용자가 많은 네이버의 경우, 비회원 이용자가 많다는 특성상, 직접 글을 쓸 네이버 회원은 적어 보인다. 그렇다면 인터넷에 만든 내 블로그, 블로그에 내 쇼핑몰에 대한 콘텐츠성 글을 만들어 올리면, naver 첫 페이지에 보일 수 있다는 기회가 생긴다. 인터넷 광고를 해본 사람들은 알겠지만 naver의 경우 첫 화면에 작은 그림 하나 올리는 데만도 수천만 원의 광고비가 든다. 그러나, 블로그를 제대로 잘 운영하면 막대한 비용절감 효과를 누릴 수 있다.

다만, 글을 쓰는 게 문제가 아니라 양질의 글을 써야하는 게 중요하고 수준 낮은 글과 광고성 글만 오픈캐스트 위치에 도배될 경우, 네이버 오픈캐스트 노출될 가능성은 줄어준다. 네이버 일을 이야기하기 전에 블로그를 통해 오픈캐스트 서비스를 활용해서 올릴 수 있는 수익은 뭘까 고민해보면 그다지 큰 매력은 아직까진 없다.

내 블로그 글을 네이버 회원이 가져가서 올렸다고 해보자. 일단, 내 글이니 저작권 문제 소지가 생긴다. 물론, 제목만 링크 걸고 오픈캐스트에서 클릭할 경우, 내 블로그로 방문자가 오게 된다면 어떤가? 그렇다면, 네이버는 오픈캐스트를 운영할 만한 장점이 없어 보인다. '광고' 수익마저 줄어들 수 있는 위험 요인이 있다. 한두 번 오픈캐스트를 이용하던 네티즌들이 클릭을 여러 번 하게 되면 불편을 느껴, 오픈캐스트를 이용하지 않게 될 수도 있다. 네이버로선 그 경우 오픈캐스트 서비스 외 다른 서비스를 내놔야할 지도 모른다.

블로그로 돈 벌기

네이버에서 높은 소득을 올린다는 파워블로거. 월소득 500만원 번다고 자기 프로필에 공개하는 블로거는 일본 영화, 애니메이션, AV 성인배우 등을 소개하는 글을 싣는다. 청소년들에게 가장 호기심 높은 분야를 공략해서 글 조회 수와 방문 수가 높아진 것으로 보이는 경우인데, 댓글 부족, 저작권 문제 소지 다분, 내용의 일회 소모성 등으로 인해 이 블로그를 방문하는 방문자의 층이 제한적이다. 일본에서 내 사진, 내 글 가져가지 말라고 하면 블로그 운영이 어려울 수 있다는 단점이 있다.

파워블로그 운영자의 경우, 블로그 콘텐츠 판매 수입 + 광고 수입이라고 한다면 블로그 활동을 계속 하는 한, 수입은 지속적으로 더 늘어나게 된다. 그리고 블로그를 운영하는 블로거들은 자기 블로그를 구독하는 사람이 많을수록 홍보 글을 써달라는 요청을 받게 되는데 RSS 기능 등으로 자기 블로그 글을 구독하는 사람이 많다면, 일반 신문보다도 훨씬 더 영향력이 큰 블로거란 의미가 된다.

구독자 수를 많이 지닌 블로거에게 광고기업이 '글'을 써달라고 요청하면서 대략 100만원~20만원을 지급하기도 하는데, 블로그 주인 입장에서 이 같은 제안은 신중히 받아야 한다. 자칫 내가 잘못 쓴 광고성 글로 인해 내 블로그에 대한 신뢰성도 줄어들고, 블로그 구독자도 떠나 보낼 우려가 있다.

다만, 외국의 경우와 다르게 우리나라 블로거들은 위와 같은 높은 수익은 기대하기 어렵다. 영어권 인구 대비 한국어권 인구를 비교하자면, 4~5천만명 대 3억명(미국에 한정할 경우)을 계산하면, 1:6 정도이다. 우리나라에서 올릴 수 있는 최대의 수익보다도 6배나 높은 수익을 기대할 만한 미국 시장인 셈이다.

그리고, 우리나라 블로그 방문자 수는 절대적으로 포털을 통해 유입된다. 동영상 사이트도 마찬가지이다. 미국의 경우, 야후, 구글을 통해 사이트 검색이 활발한 반면, 우리나라는 daum, naver를 통해 접근 경로가 획일화되어 있다.

본 단락에선 블로그 & 수익 모델에 대해 알아봤다.
쇼핑몰 홍보를 위한 블로그 운영전략서를 다루면서 다양한 블로그 운영 방향을 제시하는 이유는 블로그의 비전에 대해 이해하기 위한 과정이다.
블로그가 어떻게 전개될 것인가를 이해한다면 내 쇼핑몰과 블로그가 연결될 수 있는 다양한 아이디어를 만들 수 있다.

블로그 쇼핑몰 운영하기? '쇼핑블로그' 파워UP _목표 설정부터 달성까지

인터넷 쇼핑몰을 시작하는 사람들에게 물었더니 응답자의 절반에 가까운 사람들이 가장 힘든 점으로 '홍보하기가 가장 어렵다'라는 답을 냈다. 그나마 다행인 점은 인터넷 쇼핑몰 폐업이 줄어들었다는데, 필자가 보기엔 경기 침체 탓에 미취업자 및 취업백수가 증가하고, 대신 인터넷쇼핑몰 창업이 늘어난 효과라고 생각한다.

인터넷 쇼핑몰이 살아남기 어려운 이유는 우선 진입장벽이 거의 없는 탓에 경쟁업체가 너무 많다는 게 문제이다. 또한, 대부분 많지 않은 자금으로 시작하는 탓에 3개월~6개월 정도가 되면 어느새 자금 고갈이 되어 '버티기'조차 어려운 상황에 이르기도 한다.

게다가 인터넷쇼핑몰 창업자 대부분이 아직 사회 경험이 부족한 젊은 층이 많아서 세금 관리, 재고관리, 고객관리 등에 대해 익숙하지도 않을뿐더러 인터넷쇼핑몰 창업자 자신이 인터넷쇼핑몰의 소비자인 동시에 판매자인 탓에 생산자가 판매자로서 직접 진입할 경우 경쟁에서 뒤쳐질 수밖에 없는 구조인 것이다.

인터넷쇼핑몰 사업자들은 사업을 시작하면서 어떤 방법이든 홍보를 하게 되는데, 인터넷쇼핑몰 홍보를 하고 있다는 사업자 중 70% 이상이 키워드 광고에 매달려 있다는 조사결과도 있다. 그 외의 방법으로 오픈마켓 등에 입점하는 방법을 택하거나 카페 등을 통한 입소문의 방식으로 홍보한다는 대답이 뒤를 이었다.

하지만 키워드 광고의 경우, 적절한 광고비 예산을 세우기도 어려울뿐더러 '비용이 많이 든다'

는 불만이 주류를 이루고 있는데 반해 효과는 정작 미미하다는 결과까지 이어져 키워드 광고에 대한 불신이 상당히 높다는 걸 알 수 있다.

하지만, 그 대체방법을 모르는 상황에서 많은 업체들이 오로지 키워드 광고에만 매달리게 되면서 불가피한 출혈경쟁까지 야기하고 있는데 아직도 상위 10% 들지 못하는 쇼핑몰들은 운영상에 애로점을 겪고 있다는 현실을 반영한다.

키워드광고와 대형쇼핑몰 입점 등의 홍보 방법을 제외한 '커뮤니티 홍보'방법이란 뭘까?

daum이나 naver에 카페나 블로그를 개설하고, 카페 회원을 모집하고 직접 홍보에 나서는 방법도 있지만 아직도 그 효과를 실감하기 어려운 수준으로 평가되는 탓에 아직도 많은 사람들은 블로그를 활용하는 방안에 대해 모르는 형편이다. 기껏해야 daum이나 naver에 카페를 만들어서 회원을 모은 후, 기존 회원을 그대로 유지하면서 카페의 성격을 쇼핑몰로 전환하고 운영하는 방식을 쓰는데, 이러한 쇼핑몰 사업자들을 위해 일부에서는 카페를 만들어주고 회원수를 몇 명까지 만들어주는 조건으로 대가를 받는 사업을 하고 있기도 하다.

다만, 특이한 점은 각 쇼핑몰의 방문자 대비 페이지 뷰 차이를 보면 거의 엇비슷한 수준으로, 각 쇼핑몰에서도 블로그의 특성을 살려서 쇼핑몰 상품 매출에 활용하기엔 아직 시기상조로 판단된다는 점이다.

그렇다면, 대형쇼핑몰들이 운영하는 블로그(커뮤니티)가 일반 쇼핑객들의 발길을 잡지 못하고, 일정 수준에 머무는 이유는 무엇일까?

1 20대 초반 주고객층에 집중된 콘텐츠의 부족

각 쇼핑몰들은 주고객을 대상으로 집중 영업을 펼치기 마련인데, 대다수 쇼핑몰의 담당자란 유통과 판매 분야에서 경험치를 쌓은 사람들이라서 '콘텐츠' 분야엔 노하우가 적은 게 흠이다. 20대 여성들이 관심 갖고 참여하는 쇼핑콘텐츠 서비스는 좋지만 서비스에 그칠 뿐이고 이를 상품과 연계하는 지식노하우가 부족한 것이다.

2 블로그 활동도는 20~30대 남자들이 많다

블로그는 20대 여성보다 20~30대 남성들이 선호하는 서비스이다. 반면에 20대 여성들은 인터넷쇼핑몰에 들러 콘텐츠를 읽고 즐기고 쇼핑을 하기보다는 그 시간에 상품 구경하기를 더 하겠다는 의욕이 강하다. 남자들은 인터넷 블로그를 접하면서 다른 이의 의견과 주장, 그리고 새로운 지식 습득에 흥미를 느끼는 반면에 여성들의 경우 새로운 상품과 스타일 연출에 흥미를 가졌던 것이다. 결국, 쇼핑몰에서 운영하는 쇼핑 콘텐츠란 쇼핑몰에서 판매하는 획일화된 쇼핑 정보에 그쳐서 20대 여성들의 관심을 끌어내는데 실패한 것이 아니냐는 우려를 얻는다.

📢 쇼핑블로그 파워 UP! 목표 설정부터 달성까지 방법은?

1 목표를 세운다

쇼핑블로그를 처음 시작하면서 목표를 세우는 것은 쇼핑몰 사업자로서 반드시 성공하겠다는 의지를 다지는 일이기도 하다. 사업을 할 때는 반드시 성공 아니면 실패가 있는데, 무조건 내가 시작하는 사업은 성공만을 바라보고 성공시키겠다는 의지를 되새기는 것처럼 쇼핑블로그 또한 지독한 열정과 흔들림 없는 행동만이 성공으로 이끌 수 있다.

내가 시작하는 쇼핑블로그를 보면서 하루에 한 번은 반복할 목표를 세우자.
"쇼핑블로그로 매출 10% 올리기"
"대한민국의 최고 쇼핑블로그로 전문성 갖추기"
"쇼핑블로그를 통한 쇼핑몰 이동 유도하기"

쇼핑블로그를 시작하면서 목표를 세울 때는 구체적인 수치가 담긴 목표가 좋다.
내 쇼핑몰 매출 10% 올리기라는 구체적인 수치가 들어가야 쇼핑블로그에 흥미를 갖는다.
또한, 쇼핑몰을 바로 찾는 방문자 수가 적을 경우, 쇼핑블로그를 통해 오도록 하는 기능에 주안점을 둔다면 쇼핑블로그를 통한 쇼핑몰 이동하기 등의 업무 목표를 세워 집중한다.

2 블로그를 만들고 가꾼다

블로그를 만들면 끊임없이 살피고 돌봐야한다. 먼저 걷는 사람이 먼저 뛴다는 말이 있다. 아이가 걸음마를 배울 때 다들 위태롭게 보고 손이라도 잡아주려하는데, 아이가 뛰기 시작하면 사람들은 그때부터 멀리서

충고만 해준다. 아이에게 이는 좋은 일이 아니다. 아이 입장에서 보면 사람들이 한 번이라도 더 내게 다가와서 걱정해주고 손을 잡아주는게 좋기 때문이다. 따라서, 쇼핑블로그는 뛰어가는 게 아니라 꾸준히 계속 걸어야 하는 구조이다. 하루에 10개의 콘텐츠를 올리고, 3일을 쉰다는 것보다, 하루에 한 번씩 꾸준히 올리는 게 중요하다. 쇼핑블로그는 걷기 시작하면서 뛰지 않아야 한다. 활동이 중요하기 때문이다.

3 블로그가 스스로 자라도록 지켜본다

블로그를 찾아오는 사람들의 분석이 필요하다. 어떤 사람들인지 분석해야 하는데, 여기서 분석이란 어느 연령대인지, 어느 지역인지, 어느 성별인지, 그리고 하루 중 어느 시간대에 어떤 사람들이 오는지 운영자가 알고 있어야 한다는 뜻이다.
회사에서도 집중근무제를 운용하는 곳이 있다. 아침 출근 후 정해진 시각까지는 업무전화도 삼가고 오로지 해야 할 업무를 마무리 짓는다는 형태의 근무 방식이다.
쇼핑블로그를 운영할 때는 이와 같은 집중 활동이 중요하다. 아침과 저녁무렵에 방문하는 주부들이 많은데, 콘텐츠의 제일 앞머리에 남자들을 위한 낚시도구 상품을 소개한다면 그 어느 누가 오고 싶겠는가? 시간대 별로, 방문자의 연령과 성별에 따른 상품 콘텐츠가 달라져야 하고, 그 정보의 질은 형식적인 소개가 아니라 세세한 상품 정보를 담는 수준이 되어야 한다. 그리고, 방문자를 지켜보는 것이다.

쇼핑블로그에 올려진 상품정보와 콘텐츠를 이용하는 방문자들의 움직임과 활동을 지켜보며 쇼핑블로그가 스스로 자라고 움직이도록 지켜보는 일이 중요하다.

🔘 내 쇼핑블로그, 돈으로 환산하면 얼마나 될까?

쇼핑몰을 위한 홍보 수단으로써 쇼핑블로그를 개설, 운영하고자 할 경우 다양한 홍보 기능에 대해 알아보고 있다. 그런데, 혹시 내 쇼핑블로그가 인기를 끌게 되면 상업성이 생기지 않을까? 내 쇼핑블로그를 상업적으로 평가해서 가격을 매겨볼 수 있는 곳이 있다.

● 도메인 가치평가 서비스

> ### ▣ 도메인 가치평가 서비스란?
>
> 도메인 가치평가 서비스란 블루웹에서 정한 평가항목별로 평가를 하여 그값을 환산해 금액으로 보여주는 서비스입니다.
>
> ---
>
> ※ 평가를 원하시는 도메인을 입력하시기 바랍니다.(한글도메인은 지원하지 않습니다.)
>
> | www. victorleeshow.com | +평가 |
>
> 평가가 완료되었습니다. 계속 하시려면 새로운 도메인을 입력하세요 (예, blueweb.co.kr)

→ **최종 도메인 가치평가** : ₩ 134,400
→ **신규등록 가능여부** : ✖등록불가능 ▦상세정보보기
→ **유사 도메인 정보** :
victorleeshow.net
victorleeshow.kr
victorleeshow.co.kr

✖등록불가능
▦상세정보보기
⬇등록하기
⬇등록하기

〈기본 평가 항목〉   🔍 평가항목 tip
ᴬᴮᶜ DGR Score(등급 평가)   : 10
📋 WF Score(단어구성 평가)   : 10
📑 E Score(단어길이 평가)   : 1

〈추가 평가 항목〉
📊 웹 로그   : 10
NAVER 네이버 검색 결과   : 41
Google 구글 검색 결과   : 16,000
Da-m 다음 검색 결과   : 1
🖥 검색엔진 종합 결과   : 1

▫ 위 최종 도메인 가치 평가는 해당 도메인의 브랜드가치 및 기업의 브랜드 가치를 반영하지 않습니다.
▫ 위 최종 도메인 가치 평가는 해당 도메인의 실제 매매가가 아닙니다.
▫ 웹 크롤러의 활동을 막은 사이트일 경우에는 최종 도메인 가치가 아주 낮게 나올 수도 있습니다.

위 페이지 출처는 http://domain.blueweb.co.kr/domain_value.html?domain란 곳인데, [평가]를 원하는 쇼핑블로그 주소를 입력하고 [평가]를 누르기만 하면 된다. 흔히, 쇼핑블로그 주소는 도메인 주소로 쓰이는데, 이곳에서는 네이버, 야후, 구글 등에서 검색된 횟수 등을 기준으로 해당 도메인의 가치를 평가하게 된다.

필자의 도메인 주소를 입력하고 [평가]를 받아보니, 네이버, 구글, 야후 검색 결과 횟수가 나오며 해당 도메인 주소의 가격은 13만 4천 4백원이라고 나온다. 기대보다는 적은 금액이라서

다소 실망스러운 부분이 없는 건 아니긴 하지만 내가 가진 도메인 주소가 산술적으로 금액 환상이 가능하다는 점에서 의미가 있다.

한국의 인터넷 기업 가운데 도메인 주소 및 블로그의 가격을 평가해주는 곳처럼 외국에도 내가 가진 사이트의 가치를 평가해주는 서비스가 있다. 사이트밸류체크닷컴(http://sitevaluecheck.com/)이란 곳인데, 내 사이트의 방문자 수 등을 기준으로 내가 가진 사이트가 어느 정도의 금액으로 거래될 수 있는지 평가해주는 곳이다.

이곳은 영어 사이트라는 점이 조금 아쉬운데, 위 이미지에서 보이는 노란 부분에 내 블로그 주소를 넣고 체크(Check)를 선택한다. 한 가지 재미있는 점은 두 번째 알렉사 랭킹인데, 수백만 개의 블로그 가운데 50,000등을 넘는 블로그는 가치가 없다는 식의 설명이 있는데, 필자의 블로그는 순위가 150등. 어마어마한 순위를 기록한 것 같아 내심 기분이 좋아지는 사이트이다.

그럼 가격은 얼마나 될까? 이곳에서 평가해준 필자의 블로그 가격은 1만 2천 달러가 넘었다. 미국 달러 대 원화 환율로 생각해보니 대략 2천만 원 가량의 금액이다. 근데, 문제는 누가 필자의 블로그를 관심 가져줄 것이며, 누가 살 것인가 하는 문제다. 그냥 기분만 좋다.

쇼핑블로그의 새로운 진화 [쇼핑몰블로그]를 시작하기에 앞서

쇼핑블로그는 블로그라는 용어가 처음 등장하기 시작한 순간부터 종합쇼핑몰들에 의해 네트워크마케팅 방식의 상품 판매 수익 나누기로 발전을 이어왔다. 언제부터 시작되었는지 분명하진 않으나 국내 대부분의 쇼핑몰들이 회원들에게 제시한 방식을 예로 소개하면, 우선, 회원이 쇼핑몰에 블로그를 만들고, 상품에 대한 사용 후기 등의 정보를 담아두면 다른 회원이나 쇼핑몰 방문자가 블로그를 보고 상품을 구매할 경우 해당 블로그 운영자에게 상품 판매 수익의 일정%를 준다는 방식이다.

그러나 '쇼핑블로그'란 해당 쇼핑몰에 가기 위해 지나가는 통로 개념의 '골목'의 역할이었을 뿐이지 그 자체로서 쇼핑을 할 수 있는 공간이 아니었다는 점이 항산 누리꾼들과 쇼핑몰 영업 담당자들의 고민이었는데, 이런 문제점에 해결책으로 등장할 만한 것이 바로 [쇼핑몰블로그]이다.

[쇼핑몰블로그]는 쇼핑블로그에서 쇼핑 기능이 가능하다는 특징이 있다. 물론, 쇼핑블로그에

서 배너이미지와 텍스트, 정보 첨부 등을 통해 쇼핑몰로 연결하는 링크를 달아두는 방법도 가능하지만, 여기서 말하는 것은 [쇼핑몰]을 운영하지 않고, [쇼핑블로그]만 운영하던 운영자가 [쇼핑블로그]에 쇼핑 기능만 붙여서 쇼핑몰과 동일한 상품 판매를 하는 형태를 말한다.

이에 대해 비슷한 개념의 쇼핑블로그를 시도한 모 종합쇼핑몰이 있는데, 쇼핑블로그를 줄여서 쇼블이라고 부르는 서비스로 해당 쇼핑몰에서 상품을 블로그에 담아 다른 방문자가 블로그에 소개된 상품을 따라 쇼핑몰로 가서 쇼핑하게 되면 판매액의 2%를 주는 서비스였다. 이 서비스의 장점이란 기존에 받던 쿠폰 등의 할인 혜택은 그대로 받으면서 추가로 2%의 현금 보상까지 받게 된다는 점이다. 이 서비스를 개발한 담당자는 세계적으로 유명한 다단계 네트워크 마케팅회사의 수익모델을 참조로 만들었다고 하는데, 결국 그 내용은 기존 쇼핑블로그의 상품 페이지 링크 후 판매액의 수익 나누기 모델에서 크게 다르지 않았다.

[쇼핑몰블로그]를 하려면 운영자 혼자 1인보다는 여럿이 모여 함께 다양한 상품정보를 올리는 등의 방식으로 운영하는 게 좋은데, 이럴 때 반드시 필요한 기능이 바로 [함께 쓰기] 기능이다. 여러 상품을 판매하는 쇼핑몰블로그라면 사람이 여럿일 때 나눠서 관리하기도 가능하고, 만일 쇼핑블로그 여럿이 모여 쇼핑몰블로그 그룹이 생긴다 해도 각 상품 판매 블로그 별로 기능을 줘서 진행하는 방법이 있다.

naver 블로그에서 [함께 쓰기] 기능은 메모로그에서만 가능하며, 블로그 글이 보이는 형태가 아니라 제목만 보이고, 제목을 선택해야 본문이 보이는 형태로 되어 있다.

[쇼핑몰블로그]의 경우에도 블로그 배경음악 기능으로 음악 설정이 가능한데, [블로그 관리]에서 [아이템설정]>[뮤직]을 선택한 후에 뮤직샘에서 구매해서 배경음악으로 블로그 설정하면 된다. 그 외에 html 코드를 사용해서 다른 인터넷 공간에 저장해둔 음악을 링크하거나 자기 컴퓨터에 다른 음악을 올리는 방법도 있으나, 이는 저작권법에 의해 저촉될 우려가 많으므로 사용하지 않는 게 바람직하다.

쇼핑블로그, '쇼핑몰블로그'로 UP-GRADE

자, 이제 쇼핑블로그를 [쇼핑몰블로그]로 바꿔보자. [쇼핑몰블로그]란 흔히 블로그라고 불리는 [쇼핑블로그]에서 상품 판매까지 가능하게 만들어 활용하는 기능을 말한다. 다시 말해서, 개인의 블로그에 상품을 소개하고, 상품 판매까지 하는 것인데, 이 기능의 필수는 상품의 결제 부분이다.

블로그에서 물건을 사고, 다른 오픈마켓이나 종합쇼핑몰처럼 주문 후 배송을 안심할 수 있을까? 하고 염려하는 사람이 많은데, 이 문제는 현재 다른 인터넷쇼핑몰 사업자와 마찬가지로 쇼핑몰블로그 내에 사업자 정보를 게재하는 것과 대금결제 기능을 신용카드 등의 안심결제 서비스로 유지하는 것으로 어느 정도 충족될 수 있고, 이니P2P(www.inip2p.com)라는 블로그 등의 커뮤니티 기반 쇼핑몰 구축 상품도 있다.

현재 필자의 쇼핑블로그에서 쇼핑몰블로그로 기능을 만들어 넣어보자. 블로그에 SHOP을 만들어서 물건을 팔 수 있는 기능은 크게 두 가지가 있는데, 먼저 위에 소개한 이니P2P를 이용하여 현재 내 블로그에 적용하는 방법이 가능하다.

이니P2P 첫 페이지 www.inip2p.com에서 회원가입을 하고 회원가입 인증을 받은 후에 이니P2P 사이트로 와서 로그인을 하면 상품 판매 준비 과정이 이어진다. 가장 먼저 해야 할 일은 역시 [상품 등록]이다. 상품을 등록하기 영역을 선택하고 관련 내용을 입력하자. 그리고, 내가 운영 중인 블로그 주소를 입력하고 [등록]을 누르면 된다. 이로써, 이니P2P를 이용한 내 블로그에서 상품판매하기의 모든 준비를 마치게 된다.

🔵 내 블로그에서 판매할 수 있는 상품과 판매할 수 없는 상품은 어떤 게 있을까?

내 블로그에서 판매할 수 있는 상품 가운데 관련 법령 또는 사회통념상 판매 또는 유통이 불가능한 상품은 매매가 불가능하다. 가령, 게임아이템, 사이어머니, 회원가입비, 운세, 궁합, 성인컨텐츠 등의 비실물상품이나 상품권, 애완동물, 복권, 순금 등의 실물 상품 가운데 신용카드 결제가 불가능한 상품 전체가 해당된다.

이니P2P에서는 물건을 사고 팔 때 개인 간 거래라고 할지라도 수수료가 발생하는데, 가상계

좌 서비스를 이용한 결제의 경우를 비롯, 신용카드 결제일 경우 등으로 구분하여 거래금액의 수수료를 부과한다. 등록 가능한 상품 가짓수에 상관 없이 상품 단가 1,000원 이상이면 판매가 가능하다. 세금계산서는 개인 간 거래이므로 과세 대상이 아니어서 발행할 필요가 없는데, 이니P2P가 부과하는 수수료에 대해서도 판매자와 구매자 모두에게 세금계산서를 발행하진 않는다.

가령 개인 판매자일 경우엔 개인 간 거래에 대해서는 세금 신고를 할 필요가 없는데, 부가가치세법 시행규칙 제26조의 2에 의거해서 사업자등록이 없더라도 과세기간(6개월) 동안 10회 이상 판매가 이뤄지고, 그 판매금액이 6백만 원이 넘을 경우 납세의무가 있다. 실제 사업자인 경우엔 금액 및 횟수에 상관없이 반드시 세금 신고를 해야 한다는 사실을 알아두자.

이니P2P가 좋은 점은 상품 판매가 완료되어 구매자가 구매확인을 한 이후 바로 다음 날 출금요청을 할 수 있는데, 출금요청을 한 다음 날 판매자의 은행계좌로 입금이 된다. 이와 같은 방법으로 이니P2P를 통해 블로그에서 상품을 팔 수 있게 된다. 블로그에서 상품 등록 및 상품 배열은 일반 쇼핑몰 형태와 크게 다른 점은 없으나, 블로그 중간 글 사이에 이니P2P 결제하기 기능이 배치된다.

홍보 팁

* 구글 사이트에 내 블로그 등록하기

세계 최대 검색사이트인 '구글'에 내 블로그를 등록해보자. 먼저, 아래 주소를 인터넷 익스플로어 주소 입력 위치에 넣어보자.

http://www.google.co.kr/intl/ko/add_url.html

위 주소를 제대로 입력했다면, 아래와 같은 화면이 나타날 것이다.

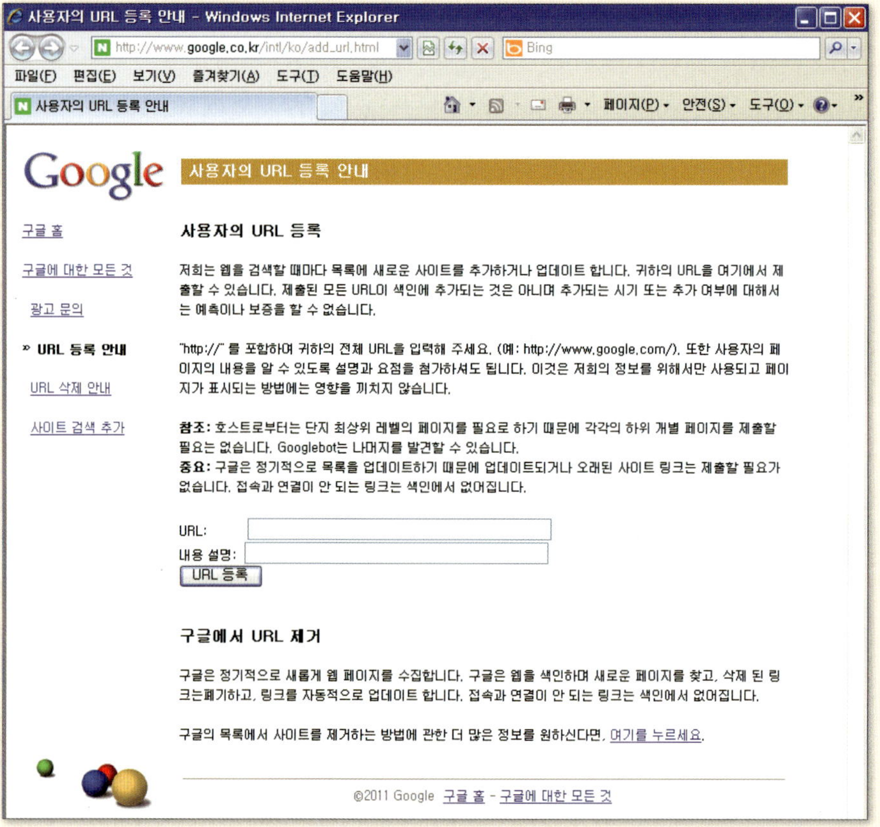

빈 칸에 들어갈 내용을 넣고, 아래 자동등록 방지를 위한 번호까지 입력하면 마무리된다. 같은 사이트를 여러 번 등록할 필요는 없다. 구글에서 검색 로봇이 사이트를 자동으로 탐색하여 결과를 보이게 된다.

* 도움 되는 네이버에 검색 등록하기

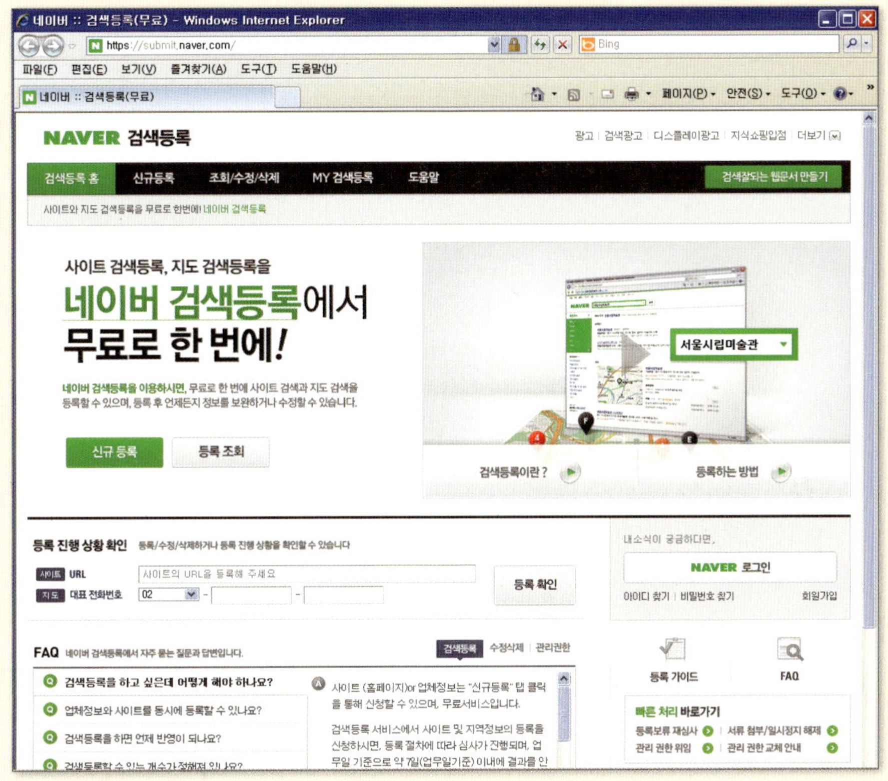

네이버 검색등록 http://submit.naver.com/

소규모 쇼핑몰을 넘어 중급 이상 규모가 된 인터넷쇼핑몰들을 위한 블로그 활용 노하우! 웹진 만들기에 대해 알아두도록 하자. 블로그 하나가 1인 미디어를 넘어 멋진 웹진으로 거듭나는 방법을 소개한다.

1인미디어 블로그가 소규모 인터넷쇼핑몰의 온라인마케팅 도구로 활용되었다면 이제부터 중급 규모 이상의 인터넷쇼핑몰을 위한 '웹진 만들기'에 나설 차례다. 복잡하고 비싼 프로그램을 이용하여 만들 필요는 없다! 오로지 블로그 하나만 있으면 된다는 사실! 홍보도 하고 미디어도 갖는 1석 2조의 노하우를 배우도록 하자.

핵심 온라인마케팅_
블로그 업그레이드

[웹진 만들기]

웹진 만들기

1인 미디어로 활용하는 개인 블로그가 소규모 인터넷쇼핑몰에게 적합한 인터넷 홍보 수단으로 유용하다면, 중급 이상 규모가 되는 종합 쇼핑몰을 위한 인터넷 홍보방법은 어떤 게 있을까? 투입 자금 대비 수익 산출이라는 기업의 생존 기준 아래에서 규모가 큰 기업일수록 보수적인 투자를 할 수밖에 없는데, 일단 사람들에게 알려지고 봐야 하는 소규모 인터넷쇼핑몰들과 다르게, 어느 정도 인지도 있는 종합쇼핑몰들의 경우 안 하면 본전이지만 잘못 시작했다가 회사 이미지에 영향을 끼칠까봐 걱정하는 바람에 제대로 시작도 안 하는 마케팅 수단도 꽤 있다.

앞서의 경우, 쇼핑블로그의 형태는 아니지만 모 쇼핑몰을 위시하여 콘텐츠가 담긴 인터넷 웹진(web-magazine:웹매거진)을 시작하는 곳이 많았는데, 투입되는 인원과 자금 대비하여 현금성 수익이 산출되지 않는 구조 탓에 현재로선 유명무실하게 된 서비스들도 상당수였다.

모 쇼핑몰의 패션웹진을 비롯해서 지금은 서비스를 안 하는 S몰의 경우에도 의욕적으로 수십억 원의 자금을 투입, 대대적인 인원 채용으로 구조를 갖춘 후 인터넷쇼핑업계에 뛰어들었으나 예상과 다른 보수적인 인터넷 소비자들의 반응에 크게 당황, 영업이 서서히 위축되더니 어느 새 소리 소문 없이 사라진 곳도 많은 게 현실인 것이다.

이에 대한 대안으로, 필자가 국내 종합쇼핑몰과 공동 진행했던 쇼핑웹진을 소개하고자 하는데, 쇼핑웹진이란 쇼핑블로그의 콘텐츠가 가미된 조직화된 구조로 설명될 수 있으며, 다수의 인원이 콘텐츠 중심으로 활동하며 대다수의 쇼핑몰과 제휴를 통해 쇼핑웹진에서 상품을 판매하고 유통하기 위한 모델이다.

쇼핑블로그에서 [쇼핑몰블로그]로 업그레이드 되고, 다시 쇼핑웹진으로 확대된다고 생각하면 설명이 적합할 것이다.

웹진을 이해하려면 먼저 패션잡지를 떠올려야 한다. 패션잡지는 각 시기별로 유행하는 패션 아이템과 트렌드를 소개하며 영화배우, 탈렌트 등의 인기 스타에게 스타일링을 하고 사진을 찍어 잡지에 게재한다. 이런 사진을 통해 유행 흐름을 보고자 많은 이들이 잡지를 구매하는데, 잡지에 소개된 인기 스타가 착용한 옷과 액세서리, 패션잡화를 보고 직접 쇼핑에 나서게 된다.

이러한 과정을 온라인으로 그대로 옮겨 적용한 아이템이 바로 쇼핑웹진이다. 쇼핑웹진은 인터넷상으로 보이는 패션잡지인 셈인데, 인터넷신문과 동일한 인터넷미디어 등록을 통해 운영되지만 그 내용은 기사 중심의 독자 대상 매체가 아니라 화보 중심의 쇼핑 소비자 중심의 매체란 점이 다르다.

가령, 실제 생활에서 패션잡지를 사서 읽고, 잡지에 소개된 패션 상품을 사기 위해 백화점으로, 브랜드 매장으로 가는 사람들처럼, 온라인에서는 인터넷 쇼핑웹진을 통해 패션 상품을 보고, 컴퓨터 모니터 위에서 바로 마우스를 이동하여 해당 쇼핑몰로 이동하는 게 쇼핑웹진의 기본 구조인 것이다.

● 패션잡지의 기사 읽기와 패션트렌드 쇼핑 VS 쇼핑웹진의 패션 읽기와 상품 쇼핑

📢 [쇼핑웹진]을 만들 때 알아둬야 할 것

쇼핑웹진을 만들고자 한다면 가장 먼저 '인터넷 매체'로 등록을 해야 한다. 인터넷 매체란 인터넷으로 보도되는 신문, 잡지의 형태를 띤 것으로, 매체의 소재지를 관할하는 관공서의 승인을 받아야 하는데, 서울에서 인터넷신문을 만들고 싶을 경우 서울특별시청에 정기간행물 신고를 신청해야 한다.

인터넷신문은 집을 주소지로 하여 만들 수도 있으며, 다만 3인 이상의 기자가 필요한데 한 사람이 발행인, 편집인을 하고, 다른 두 사람이 기자를 하는 경우도 있다. 인터넷신문을 만들려면 인터넷으로 운영되는 매체인 만큼 반드시 인터넷 주소와 그에 해당되는 사이트 운영이 필요하다. 인터넷 주소는 도메인을 말하는데, 자기가 원하는 적당한 도메인을 사용하면 되며, 사이트 운영은 인터넷신문을 위한 다양한 프로그램을 저가에 임대하여 사용할 수 있는 곳도 많으므로 염두에 둬야 한다.

인터넷신문 사이트 운영 프로그램 관련 서비스를 하는 곳의 예는 아래와 같으며, 이 외에도 많은 업체가 서비스 중이다.

출처: http://www.yuneul.com/

인터넷신문은 인터넷신문을 만들고자 하는 지역의 관할 관공서에 신청하는데, 서울에서 인터넷신문을 발행할 경우 '서울특별시청'에 [정기간행물등록 신청서]를 내야 한다.

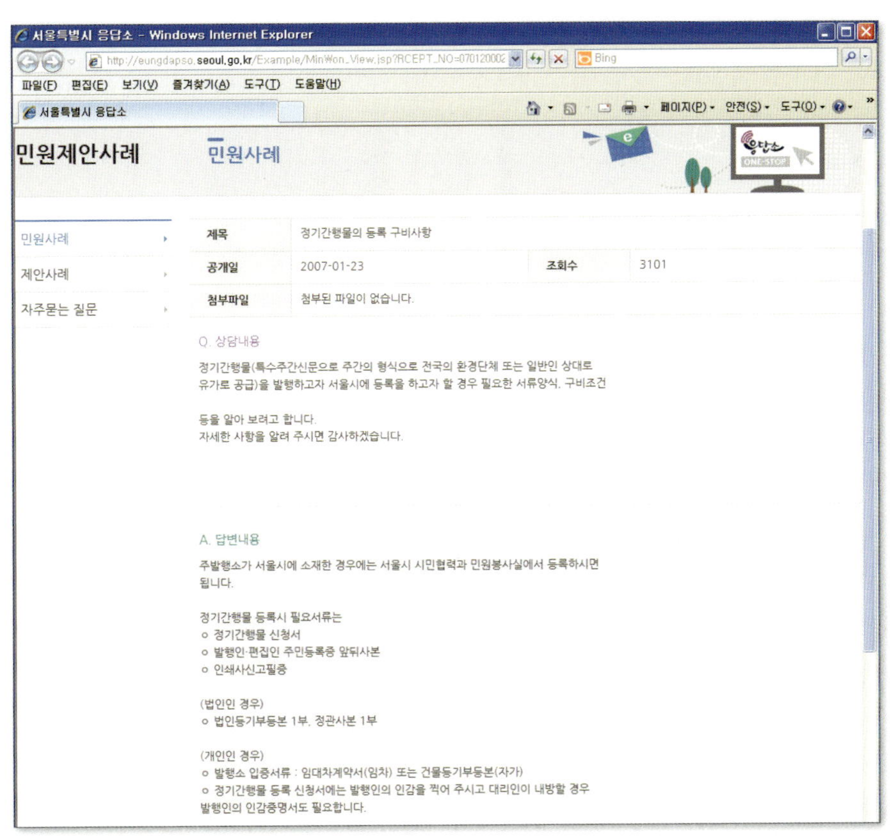

서울특별시청: http://eungdapso.seoul.go.kr/Example/MinWon_View.jsp?RCEPT_NO=0701200026

정기간행물등록신청서 양식은 다음과 같다.

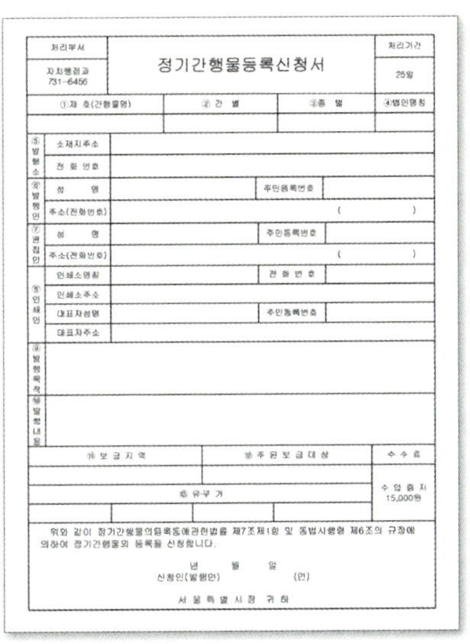

자! 이제 인터넷신문 등록도 마치고, 내가 원하는 인터넷신문사 이름과 인터넷 주소, 그리고,
사이트 운영에 필요한 프로그램까지 다 준비되었다면 [웹진 만들기]에 도전해보자.

웹진 기획 _ 콘셉트

쇼핑웹진의 콘셉트는 간단하고 명확하게 정해야 하며, 쇼핑웹진을 만드는 이유와 목표를 미리
정해놓아야 운영자 및 관련 직원들에게 진로 제시가 가능하다.

> 스타와 연예계 시장의 구조 노하우를 통해 스타를 활용한 유형,
> 무형의 상품 개발 및 유통으로 온라인 쇼핑몰 시장을 적극적으
> 로 공략할 것이며,
>
> 세계 패션시장의 흐름과 자체 제조시설을 보유한 기술력으로
> 고유의 브랜드 상품을 개발하여 (쇼핑 웹진의) 단독 상품을
> 전개하고,
>
> 이를 타 쇼핑몰들에게 유통권자로서의 우월지위를 확보하며,
> 온라인 쇼핑몰 뿐만 아니라, 휴대폰 콘텐츠, DVD 동영상 상품
> 및 다양한 컨텐츠 제작 및 기존 스타와 예비 스타를 연계하는
> 지속적 상품 개발을 통해 온, 오프라인 스타패션 관련 상품시장
> 의 선두업체로서 성장을 지속해 나갈 것이다.

쇼핑웹진은 주된 목적이 인터넷매체를 통한 상품 트렌드 소개 및 쇼핑에 있다는 점을 기억해
야 하며, 실제 생활에서 독자가 패션잡지를 들고 쇼핑에 나서는 것과 온라인 쇼핑웹진에서 상
품을 보던 독자가 인터넷쇼핑몰로 바로 이동하는 것이 같다는 점을 이해하고 있어야 한다.

쇼핑웹진은 인터넷으로 보이는 상품과 인터넷에서 활동하는 누리꾼들이 소비자로 되는 구조이므로, 쇼핑웹진 창간하기 전에 미리 어느 사이트들과 제휴를 하고, 창간 이벤트는 어떻게 진행해서 시작과 동시에 창간 홍보를 어떻게 할 것인지 대략적인 계획을 세워놓아야 한다.

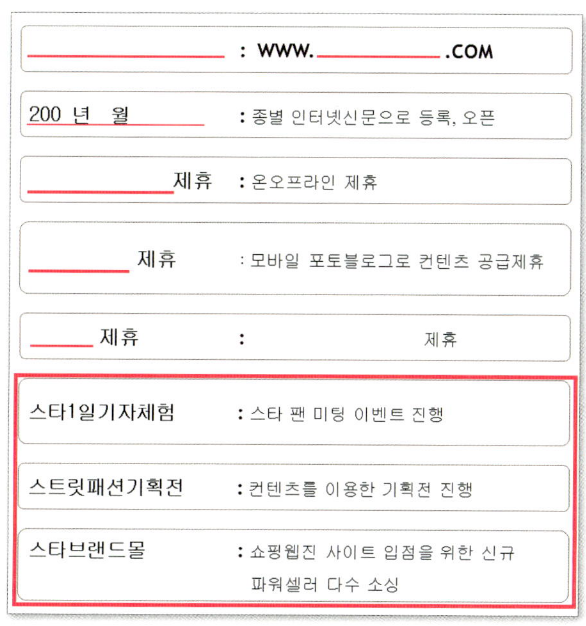

인터넷 사업은 어느 것이든 시작과 동시에 3개월 이내에 누리꾼들에게 알려지지 못하면 그 전개해나갈 힘을 얻지 못하고 중간에 좌초되는 경우가 많기 때문이다.

쇼핑웹진은 무엇보다도 인터넷 기반으로 보이는 매체이므로, 인터넷에서 활동하는 소비자 대상으로 운영되어야만 한다. 인터넷 기반에서 수익이 되는 사업 가운데 [검색], [쇼핑], [경매] 뿐이라는 말을 염두에 둬야 하고, 인터넷 주 사용층 연령대가 10대에서 30대가 가장 많으며, 이들이 관심 갖는 내용은 쇼핑과 스타 그리고 브랜드 상품이라는 특화된 차별점을 미리 숙지해둬야 한다.

따라서, 쇼핑웹진은 이러한 누리꾼들의 인기 콘텐츠를 따라잡는 역할이 중요시되며, 서비스,

쇼핑, 스타, 상품, 홍보라는 영역을 나누고, 각 영역에 맞는 업무 포인트를 따라야 한다.

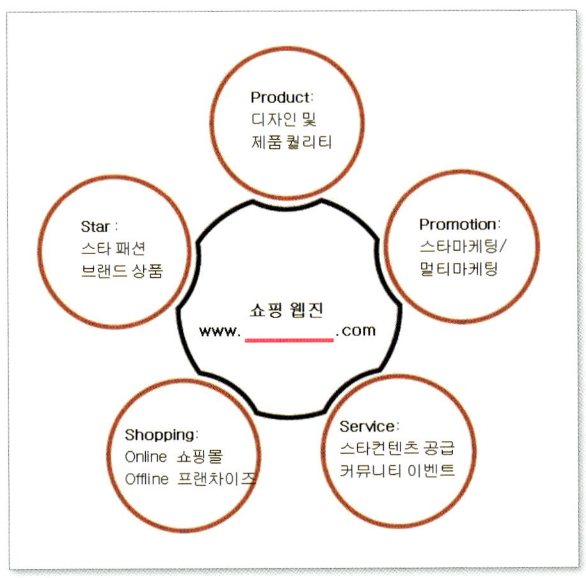

가령, [상품] 영역일 경우, 다른 쇼핑몰 파워판매자 가운데 월매출 5억원 이상을 유지하는 200개 업체들과 경쟁할 것이며, 경우에 따라 직접 계약을 통해 쇼핑웹진에서 판매할 상품공급업체는 어느 업체인지 구체적으로 미리 정해 두는 식이다.

4 웹진 진행 단계별 계획 준비하기

쇼핑웹진의 시작과 발전 단계별 계획을 정해야 한다. 쇼핑웹진의 사업 모델이 구체화되어 온라인쇼핑몰의 차별화된 사업 아이템으로 정착된다면 다른 많은 쇼핑몰들도 똑같은 방식으로 경쟁에 참여하게 된다.

다음은 쇼핑웹진 사업의 단계별 추진 계획을 나타낸 도식이다.

이 경우, 간혹 후발 업체에게 쇼핑웹진의 진행 계획이 노출되고 추월당할 경우, 힘들게 시장만 만들고 좋은 일은 다른 사람에게 주는 일이 생길 수 있다. 재주는 누가 부리고, 떡은 누가 먹는 식이다. 나중에 생길 어려운 경쟁에 대비하는 지혜가 필요한데, 쇼핑웹진의 진행 계획은 모두에게 비밀로 하고, 되도록 운영자만 알고 있는 게 좋다.

5 웹진 경비 및 예산 세우기

쇼핑웹진은 쇼핑몰 홍보를 위한 경비가 아니라 쇼핑웹진 그 자체로서 수익을 내는 하나의 사업 모델이라는 점을 잊어선 안 된다. 간혹, 쇼핑웹진을 통해 각자 운영 중인 쇼핑몰 홍보 기능만 높이면 된다고 생각하게 되는 경우가 있는데, 그건 절대 그렇지 않으므로 주의해야 한다.

투자 계획 및 예산

A. 고정비
- 사무실 보증금 & 임대료 ₩______원 / 월₩_____원 (강남지역, ___평)
- 직원급여
  - MD, 웹프로그래머, 웹디자이너, 정산, 마케팅 담당자, 웹기획자
  - 취재기자 및 포토기자
- 업무비용
  - 교통비, 업무추진비
- 부가비용
  - 스타패션데일리 서버, 서버관리비, 쇼핑메뉴 개발비, 서버 호스팅비

B. 사업투자
- 쇼핑몰 웹 개발비, 운영비, 영업비
- 쇼핑 카다로그 제작 및 사업비
- 오프라인 프랜차이즈 투자비
- Promotion 비용

쇼핑웹진을 운영하면서 필요한 인터넷 관련 운영비와 콘텐츠를 만들기 위한 최소한의 직원 급여 등을 계획하고, 창간 이후 어느 정도 기간까지 어느 정도의 자금이 필요하며, 언제 이후부터 실제 소득이 생길 것인지 계획하고 노력해야 한다.

6 웹진 & 쇼핑몰 링크 설정하기

쇼핑웹진을 만들 때, 이미 운영 중인 쇼핑몰이 있다면, 쇼핑웹진을 만들기 전에 해당 쇼핑몰과 어떻게 링크할 것인지, 쇼핑몰에 쇼핑웹진을 노출할 방안을 준비하자.

쇼핑웹진은 인터넷매체의 형태를 갖춘 패션잡지의 기능으로써 쇼핑몰에 다양한 콘텐츠적 부가 효과를 넣을 수 있다. 쇼핑몰을 찾는 소비자들에게 색다른 콘텐츠 읽을꺼리, 볼꺼리를 전달함으로써 쇼핑몰 자체로서도 브랜드 이미지가 좋아지고, 쇼핑웹진과 더불어 쇼핑몰의 충성도 높은 고객의 유입을 기대할 수 있다.

(3)

웹진 구성 _ 콘텐츠

웹진 을 기획했다면 세부 단계로 각 콘텐츠에 따라 제목을 정하고 각각의 내용을 정하는 단계다. 어떤 순서로, 어떤 내용을 담을 것인지 하나의 이미지화된 형태를 유지하는 게 중요하다.

쇼핑웹진을 구성하는 각 콘텐츠의 제목을 정한다. 제목은 쇼핑웹진에 담길 내용으로 소비자에게 전달될 이야기를 말하는데, 쇼핑웹진의 경우 상품보다도 상품에 연관된 이야기를 중시한다는 점이 장점이다.

카테고리	컨텐츠 메뉴	내용	주기	비고
NEWS	패션/연예 뉴스	스타와 패션계 가장 빠른 소식을 전달	5~10건/1일	
	Star Interview	스타 인터뷰 동영상, 패션쇼 동영상, 패션쇼 재미있게 보기 등	1건/1주	
	Today's Quote	스타인터뷰 중 인용문	1~3건/1주	
PHOTOS	Star Box	화제의 스타를 집중조명, 기본 사진 10컷 이상으로 스타와 패션을 접목하여 컨텐츠 구성	1~2명/1주	
	Star Photobox	연예인 미공개 사진 공개	1~2명/1주	
	Star Fashion	드라마, 방송에서 보여지는 스타의 패션 코디 분석, 유행 트랜드 이야기	1~2명/1주	
톡&TALK	Star Look파파라치	스타 일상 코디 사진, 스타 파파라치	1건/1주	
	Street Fashion	서울 (이대,홍대,압구정 등)과 일본(동경)의 오늘자 거래패션 사진	1건/1일(지역별)	
	Designer's Room	디자이너가 알려주는 패션 용어, 패션 스터디, 패션 코디 정보 구성	1건/1일	
	Star 공작소	파티, 클럽, 연예인이 자주 가는 매장, 음식점, 미용실 쇼핑몰 정보 등	1건/1주	
	Today's Coordi Tip	매일 코디 컷 선정 / 메일링 서비스 신청	1건/1일	
READERS		추후 오픈		
SHOPPING		추후 오픈		
LETTER		Today's Coordi 내용 메일링	1건/1일	
LOGIN		회원가입/회원정보 수정/ID PW찾기/탈퇴하기		
SITEMAP		사이트 맵		
ADMIN		운영자 화면		

A라는 상품을 판매하는 쇼핑몰은 많으며, 그 A라는 상품에 대해 상세한 사진과 설명을 붙일 수 있는 쇼핑몰들이 많은 반면에 A상품과 어울리는 스타를 같이 비교한다던지, 어떤 인기 스타가 A 상품을 착용한 모습을 촬영해서 그 스타일링을 소개하는 쇼핑몰은 거의 없다.

쇼핑웹진은 단순히 상품만 판매하는 게 아니라 쇼핑웹진 독자에게는 다양한 볼거리와 이야기를 전달해서 어떤 상품을 쇼핑하던 그 상품과 소비자의 삶을 동일시하게 만들어주는 감성 마케팅의 하나이기 때문이다.

2 스토리보드

쇼핑웹진의 콘텐츠 제목을 정한 다음엔 각 콘텐츠별 보이는 디자인과 내용의 가이드라인을 지정한다. 쇼핑웹진을 준비하고 사이트를 만들면서 다른 쇼핑웹진이나 인터넷쇼핑몰 등과 비슷한 사이트를 만든다면 오히려 안 하느니만 못한 결과를 만들기도 하는데, 될 수 있는 한 제목 로고와 기사의 텍스트 모양에 대해서도 하나하나 신경 써서 특화된 사이트를 만드는 게 중요하다.

쇼핑웹진 사이트를 어떻게 만들 것인지 미리 정하는 계획서를 스토리보드라고 하는데, 이 스토리보드에는 사이트 개발자에게 요청하는 모든 내용이 들어가야 한다. 가령, 각 콘텐츠는 어느 어느 위치에 들어갈 것이며, 콘텐츠에 포함되는 이미지 크기는 어떻게 지정한다는 약속이 있어야 한다. 이는 쇼핑몰에서 상품을 판매할 때, 판매자에 따라 같은 상품이라도 다르게 보이는 효과를 기대하는 것이다.

A라는 상품을 똑같이 판매하는 쇼핑몰일지라도 판매자가 그 상품을 어떻게 꾸미고 어떻게 설명하느냐에 따라 쇼핑몰을 찾은 소비자가 느낄 호감도가 다르기 때문이다. 쇼핑웹진은 상품을 비롯해서 쇼핑웹진 그 자체로서도 소비자들에게, 고객들에게 신뢰감을 주고 호감을 얻어야 한다.

쇼핑웹진 콘텐츠 기획과 제목에 대해서 1차적인 쇼핑웹진 디자인을 세워본다.

이때, 각각의 쇼핑웹진 콘텐츠는 정확하지 않아도 되며, 사진 또한 내부 샘플 검토용으로 사용한다. 최종 쇼핑웹진 서비스 오픈 전에 이와 같은 과정을 여러 번 거치며 가장 좋은 디자인 구성 및 콘텐츠 배치에 대해 회의를 거치도록 한다.

4 콘텐츠 작성

자금력 있는 큰 규모의 쇼핑몰을 제외한 소규모 쇼핑몰에서 쇼핑웹진을 만들고자 할 경우, 쇼핑웹진의 콘텐츠는 어떻게 작성해야 할까? 전문 기자를 채용해서 월급을 주자니 내가 하는 쇼핑몰 수익으로는 턱도 없고 너무 부담된다면 직접 콘텐츠를 써야 할텐데 마땅히 글 써본 기억이 가물가물하다면 대략 낭패이다.

게다가 쇼핑콘텐츠로서 패션스타일링에 대한 글과 사진이 필요한데 피팅모델은 시간당 3~7만원은 줘야 하고 스튜디오 비용에 사진 후보정까지 하려면 도저히 엄두가 나질 않는다. 하지만 안 할 수는 없는 일. 이번 단락에서는 중소규모 쇼핑몰 사업자가 참조해서 쇼핑웹진 콘텐츠로 활용할 수 있는 콘텐츠 작성법을 알아본다.

✅ 스트리트룩(STREET LOOK) 쇼핑콘텐츠 작성 샘플 _ 남자 스타일 (1)

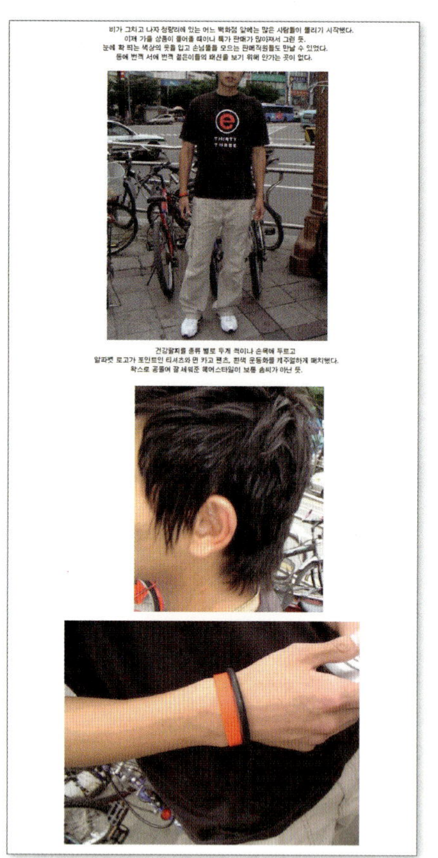

✅ 스트리트룩(STREET LOOK) 쇼핑콘텐츠 작성 샘플 _ 남자 스타일 (2)

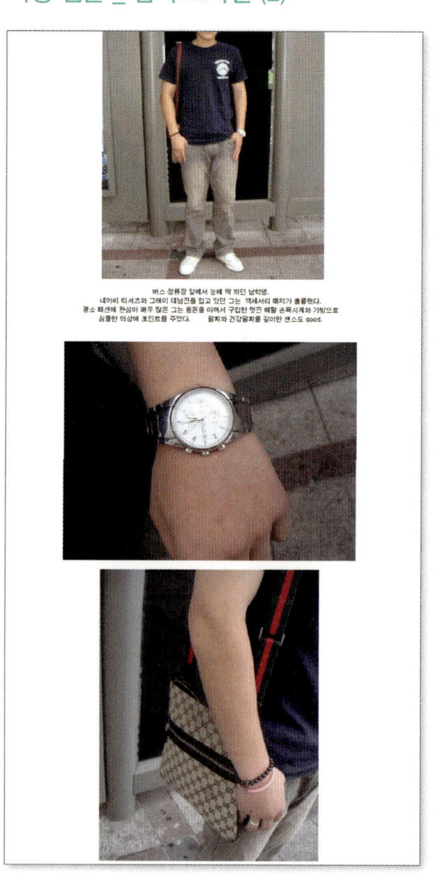

✅ 스트리트룩(STREET LOOK) 쇼핑콘텐츠 작성 샘플 _ 남자 스타일 (3)

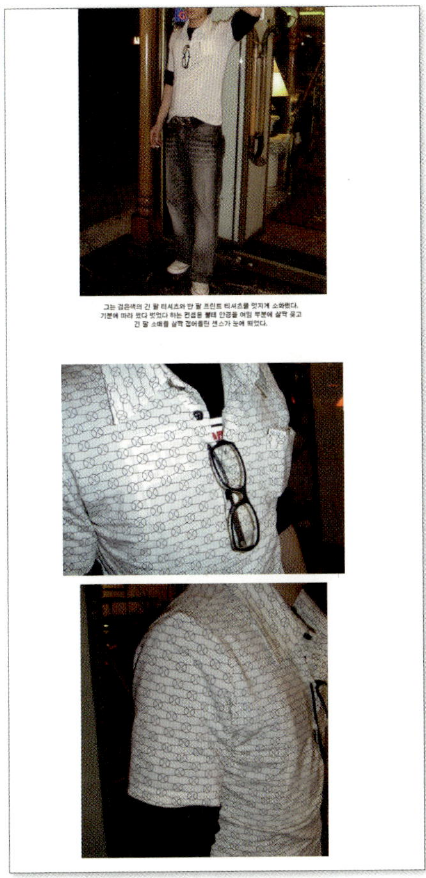

그는 검은색의 긴 팔 티셔츠와 반 팔 프린트 티셔츠를 멋지게 소화했다.
기분에 따라 봤다 벗었다 하는 컨셉을 뺄때 안경을 여밈 부분에 살짝 꽂고
긴 팔 소매를 살짝 접어줬던 센스가 눈에 띄었다.

✅ 스트리트룩(STREET LOOK) 쇼핑콘텐츠 작성 샘플 _ 여자 스타일 (1)

엿뵌 얼굴에 개성있는 스트리트 패션을 구사하고 있었다.
새기컷한 머리를 양갈래로 땋아서 끝으로 갈 수록 얇아지는 부피감이 밀짚 중절모와 멋진 조화를 이룬다.
고덕 느낌의 실버 십자가 목걸이와 호피무늬 슈즈가 보이시한 느낌을 전달하면서 캐릭터를 잘 표현하고 있다.

스트리트룩(STREET LOOK) 쇼핑콘텐츠 작성 샘플 _ 여자 스타일 (2)

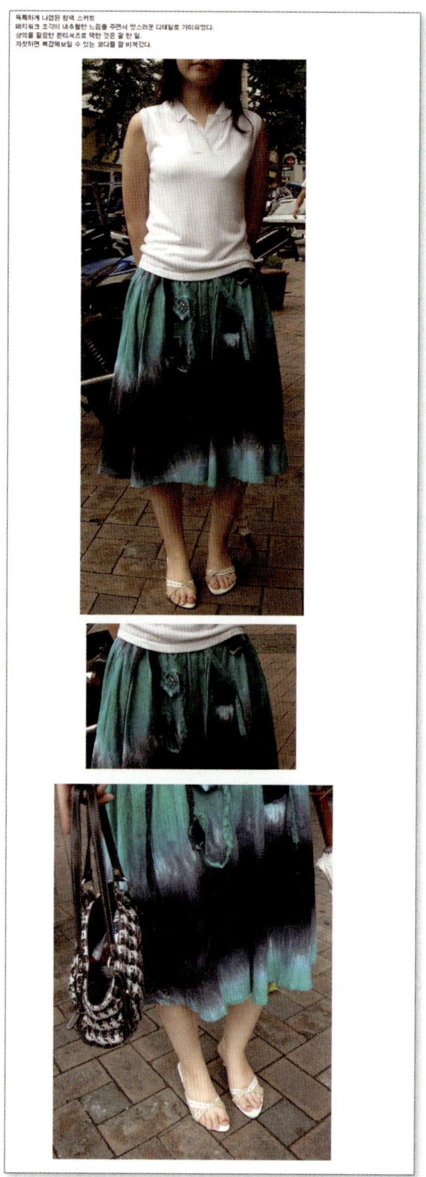

스트리트룩(STREET LOOK) 쇼핑콘텐츠 작성 샘플 _ 여자 스타일 (3)

✅ 스튜디오오룩(STUDIO LOOK) 쇼핑콘텐츠
작성 샘플 _ 여자 스타일

수십가지의 느낌이 얼굴 사이로 지나간다. 무궁무진한 끼가 퐁퐁 숨겨져 있을 것만 같은 이 소녀의 미래가 궁금해진다.

[오늘 화보 컨셉은 '노란 여름 향기' 이다. 어떤가, 노란색은 많이 닮아있지 않은가? 어리고 배묻지 않은 싱그러운 풀내음처럼. 톡톡 튀고 상콤한 레몬향처럼.]

[보이시하면서 귀여운 스타일 '제 옷장은 티셔츠와 청바지들로 가득해요~']

✅ 스튜디오오룩(STUDIO LOOK) 쇼핑콘텐츠
작성 샘플 _ 남자 스타일

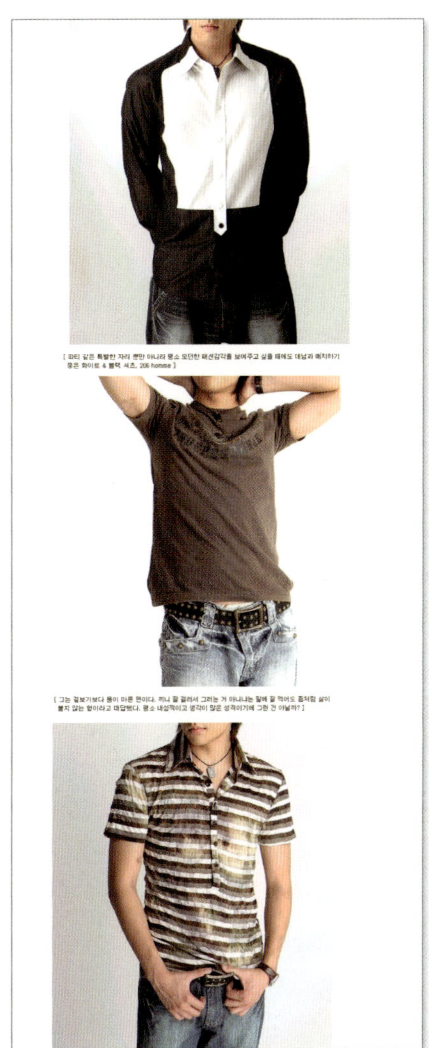

[파티 같은 특별한 자리 뿐만 아니라 평소 모던한 패션감각을 보여주고 싶을 때에도 데님과 매치하기 좋은 화이트 & 블랙 셔츠, 206 homme]

[그는 겉보기보다 몸이 마른 편이다. 끼니 잘 걸러서 그러는 거 아니냐는 말에 끌 먹어도 좀처럼 살이 붙지 않는 형이라고 대답했다. 평소 내성적이고 생각이 많은 성격이기에 그런 건 아닐까?]

쇼핑웹진 쇼핑트렌드 콘텐츠 작성 샘플

리조트웨어의 대명사 마린룩

여름날의 영원한 클래식, 마린룩은 1920년대 처음 선보여 바닷가 뿐 아니라 도심에서도 즐겨 입는 여름 리조트웨어의 대명사로 자리 잡았다. 마린룩은 바다를 연상시키는 다양한 모티브로 시대를 초월한 남녀 공용의 도회적인 스타일로 발전해 왔다.

마린룩은 원래 군복이나 해군복에서 아이디어를 얻어 만들어진 패션 스타일. 그 시초를 짚어보면 해군복에서 따온 네이비룩(Navy-look), 선원들의 유니폼을 응용한 노티칼룩(Nautical-look), 해군 사관생도의 유니폼 스타일의 미디룩(Midi-look)과 해적풍의 디자인도 마린룩으로 볼 수 있다. 여학생들이 하복으로 입던 세일러 칼라의 교복이 바로 마린룩을 응용한 대표적인 예이다.

2009년 여름엔 삼촌 팬들을 열광시키는 소녀시대가 다시 선보이며 유행조짐이 보였다. 이에 앞서 지난 2005년 봄여름 해외 패션쇼에서도 마린룩 걸들을 만날 수 있었다. 알렉산더 맥퀸의 패션쇼에는 세일러 칼라와 7부 소매에 세 줄의 흰색 줄무늬를 넣은 경쾌한 재킷을 입은 소녀들이 등장했고 발렌시아가는 해군제복을 응용한 의상들을 선보였다.

질샌더는 밧줄과 줄무늬로 심플한 마린룩을, 소니아 리키엘은 검은색 줄무늬 니트와 별을 단 커다란 챙 모자를 매치해 장난스러운 마린룩, 해적패션을 발표해 여전히 마린룩이 여름패션을 지배하고 있음을 상기시켰다. 마린룩은 휴가복이라고 생각되지만 유행을 많이 타지 않기 때문에 마린룩의 아이템을 몇 벌 갖추고 있으면 세련된 일상복으로 두고두고 활용할 수 있다.

마린룩은 청량감을 주는 푸른빛을 띠는 흰색과 짙은 푸른색, 감청색의 줄무늬 조화가 가장 큰 특징이다. 흰색과 푸른색, 이 두 색상이 가로줄무늬를 이루며 시원한 바다의 이미지를 잘 표현해 준다. 또 흰색과 검은색 줄무늬와 빨간색이 포인트 컬러로 매치되기도 하고 세일러 칼라 블라우스나 재킷, 흰색 큐롯(반바지), 군복을 상징하는 견장, 밧줄 · 닻 · 요트 장식 등이 마린룩을 표현한다.

기본으로 상의나 하의 중 하나는 단색으로 연출하도록 한다. 곤색, 하늘색 줄무늬의 주된 색상에 동일한 색의 하의를 입으면 전체적으로 통일감을 주며 깨끗하고 세련돼 보인다. 여기에 마린룩에 어울리는 액세서리를 코디하면 좋은데 스포티하고 경쾌해 보이는 마린룩에는 돛모양이나 튜브모 양의 목걸이나 브로치 등의 액세서리를 하고 가방은 '아쿠아 블루'나 흰색의 토드백을 들면 된다. 신발은 샌들을 신어도 좋지만 흰색 스니커즈나 아쿠아 슈즈를 신어도 잘 어울린다. 금방 배를 타고 떠날 것 같은 선원풍의 모자도 멋스럽다.

이와 같이 웹진 콘텐츠를 작성하면서 하나의 멋진 패션매거진이 된 것을 확인하게 된다. 인터넷쇼핑몰이 패션상품을 다룰 때 참고할 수 있으며 다른 아이템을 다루더라도 얼마든지 활용 가능한 콘텐츠 작성법이라고 생각한다. 1인 미디어로 시작한 블로그에서 스타일을 살린 멋진 웹진으로 거듭나는 순간이 된다. 블로그 마케팅의 새로운 시도에 도전하는 건 자신의 최소한의 몫이다.

(4)

쇼핑웹진 운영 _ 상품 포지셔닝

쇼핑웹진 에서 보이는 세부 페이지이다. 세부 페이지에는 일반적인 상품 설명 페이지와 다르게, 인물 중심의 스토리 전개와 그에 방해되지 않는 위치에 상품 설명을 포함한다.

앞의 이미지에서 예를 들어 설명하기 위한 상품으로 핸드폰과 귀걸이를 배치했는데, 상품 설명은 인물 주위에 적당한 위치에 배치하여 독자(소비자)들이 스토리를 읽고, 상품에 대한 감성을 공유하는데 장애됨이 없도록 신경 쓰도록 한다.

쇼핑웹진에서 상품을 배치하는 방법에는 각기 다른 여러 방법이 있는데, 마우스가 상품을 지나갈 때 상품 정보가 자동적으로 보이게 하는 방법도 있으며, 또는 쇼핑웹진을 보던 사람이 특정 상품에 대해 호감을 갖고 쇼핑하고자 마우스로 선택했을 경우에 상품을 설명하는 팝업창이 보이게 할 수도 있다.

콘텐츠 마케팅

✅ 쇼핑웹진 콘텐츠 활용 수익 모델 만들기

쇼핑웹진은 쇼핑몰의 형태에서 진일보한 또 다른 쇼핑몰의 기능을 갖고 있긴 하지만, 그 자체
로서도 좋은 콘텐츠를 보유한 상품이 된다. 인터넷매체로서 가능한 스타패션 관련 다양한 스
토리 구성이 가능함으로, 이와 같은 장점을 살린 병행 사업을 통해 수익모델을 갖도록 한다.

- 스타패션샵 (스타브랜드 상품 유통)
- 인형샵 (인형옷 제작, 판매 및 인형 옷과 똑같은 여성의류 제작판매)
- 모바일 쇼핑몰 운영
- .com 쇼핑 등 포털 사이트 쇼핑 제휴 판매
- 스타 자선경매사업 (스타 릴레이 경매 참여)
- 파워셀러 연계된 스타브랜드 개발 및 유통사업
- 제휴를 통한 스타패션샵 운영
- 헤어스타일링샵 운영
- 웰빙건강상품 몰 운영, 발샴푸 등 상품 개발
- 온라인 복합쇼핑몰 사업

- **쇼핑 카다로그 서비스를 통한 고객관리 및 마케팅**

  1. 패션잡지 컨셉의 고품격 카다로그 사업
  2. 연예기사 + STAR 상품 소개 + <u>입점사 광고(=카다로그 제작비 충당)</u>
  3. VIP고객 관리
  4. 지속적인 상품광고 (신상품 홍보 및 이벤트 상품광고)
  5. 사이트 홍보 (쇼핑몰 이미지 강화)
  6. 고객 파트너쉽을 위한 CRM 마케팅 강화

- 오프라인 샵
  1. 소형(5평 이내) 매장 오픈, 프랜차이즈 컨셉 운영
  2. 스타 액세서리 전문샵, 한류스타 드라마 상품 샵 등 프랜차이즈사업
  3. 자체 브랜드 스타상품의 백화점 등 유통
  4. 한류마케팅을 이용한 관광객 등 유도

[링크 만들기]

블로그+웹진〈방문자 늘리기〉

블로그에 글을 쓰고, 그 글이 포털 사이트 검색 결과 및 포털 사이트의 블로그 노출 서비스에 어떻게 링크되어 방문자가 늘어나는지 순서를 알아보자.

필자의 경우, 패션디자이너로서의 특징을 살려서 전문성을 갖춘 쇼핑블로그를 지향하고자 관련 콘텐츠 하나를 '구두 패션'으로 정하고, '구두 업계의 관례처럼 도는 상술'에 대해 내용을 작성했다. 블로그 콘텐츠를 작성하면서 관련 사진을 올리는 게 좋은데, 이는 블로그 방문자들이 글을 읽을 때 이해도와 친숙감을 갖도록 해준다. 필자의 쇼핑블로그 관련 글에서 쓰인 구두 사진은 해외 인터넷 사이트에서 돌아다니는 저작권과 무관한 사진으로 골랐다.

필자의 글은 미디어다음로 연결되었고, 잠시 후 늘어나는 조회 수에 따라 daum 첫 페이지로 옮겨졌다. 필자의 쇼핑블로그에 쓴 글이 미디어다음 첫 페이지로 오고, 다시 daum 첫 페이지로 옮겨졌다는 사실에 흥분감을 갖기 시작한 것도 잠시, 필자의 블로그에 방문자가 늘어나고 이른바, '트래픽 폭탄'이 생기는 순간이었다.

daum VIEW 서비스의 뉴스편집자는 오마이뉴스, 조선일보 출신 등의 신문 기자 경력자가 있다고 들었다. 그렇다면, 누리꾼의 블로그 콘텐츠라도 시의성, 정보성, 간결성, 속보성 등의 기사(NEWS)의 기능을 갖춰야만 좋은 콘텐츠로서 포털 사이트에서 보일 가능성이 크다는 판단을 할 수 있다.

쇼핑블로그에 콘텐츠를 올릴 경우, 글 외에 블로그 소개글이 같이 노출되는데, 이때 홈페이지 주소 및 개인 이메일과 제품 사진을 바탕배경으로 구성할 경우, 이메일로 주문 문의도 오고, 내 브랜드 관련 홍보 효과가 크다. 우측 상단에 VIEW 박스가 내 블로그 글을 보는 모든 네티즌들의 모니터에 뜨게 된다. 이처럼, 쇼핑블로그의 콘텐츠와 내 쇼핑몰 홍보가 되는 것이다.

블로그의 방문자를 늘리는데 도움 되는 좋은 글 쓰기 노하우에 대해 알아보자. 방문자가 늘어나면서 블로그 마케팅의 본래 목적인 인터넷쇼핑몰 방문자로 연결하기 노하우도 배워두도록 하자. 잘 만든 블로그 하나만 있으면 키워드광고 전혀 안 부럽다.

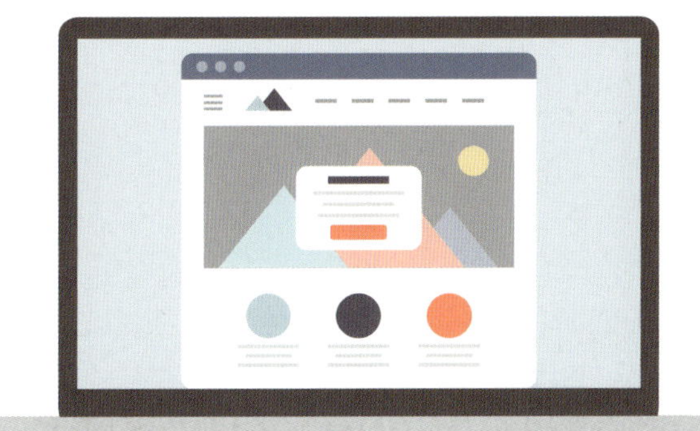

블로그 순위

먼저 내 블로그는 몇 등일까? 생각해 보자. 좋은 글을 쓰려는 건 블로그 방문자를 늘리기 위함인데 혹시 이 세상엔 이미 블로그 순위를 매기는 곳이 있지 않을까? 현실은 어떤가? 블로그는 전적으로 블로그에 올라오는 콘텐츠에 따라 검색을 통한 방문자 수에 대비하여 인기 여부가 결정된다고 해도 과언이 아니다. 국내의 경우, 네이버와 daum이라는 두 거대 포털 사이트가 인터넷 검색 시장을 양분하고 있다고 볼 수 있는데, 이 두 포털사이트를 통해 유입되는 방문자들이 자신들의 검색에 대한 정보를 갖고 있는 블로그를 방문하는 것이다.

그렇다면 블로그 방문자 수는 인터넷 검색이 이뤄지는 사이트 인기도에 따라 순위도 구분이 될까? 가령, 네이버가 국내 인터넷 검색 시장을 과반 이상 차지한다고 가정할 경우, 네이버에 설치된 블로그가 국내에서 활동 중인 블로그 가운데 항상 과반 이상의 방문자 수를 갖고 있을까라는 의문이 생긴다.

이 경우라면 네이버에서 운영하는 오픈캐스트를 통해 많은 이들이 네이버 블로그로 들어오고, 네이버에 설치된 블로그 운영자들이 국내 블로그 운영자의 과반수가 넘어야 한다는 결론이 나온다. 그러나 꼭 그렇지만은 않다는 것이 앞서 소개한 국내 인기 블로그인데, 네이버, daum, 티스토리 등, 블로그의 인기는 인터넷 검색 시장점유율에 무관하게 각 블로그의 콘텐츠의 내용에 따라 방문자 수를 유지하고 있다는 사실이다.

결국 내 블로그 순위가 좋은 블로그를 결정짓는 건 절대 아니란 걸 알 수 있다. 방문자가 적다고 덜 좋고, 방문자가 많은 블로그여야만 좋은 블로그인 것은 아니다.

(2)

블로그에 쇼핑몰 링크

앞서 쇼핑몰 홍보를 위한 블로그 마케팅에 대해 알아보면서 쇼핑블로그 만드는 법과 쇼핑몰블로그 만드는 법 그리고, 오픈캐스트와 쇼핑웹진 만들기까지 알아보았다. 이전까지 알게 된 모든 내용은 내 쇼핑몰 운영에 꼭 필요한 쇼핑몰 홍보를 위해 블로그를 활용하기 위한 인터넷 상의 필요조건들이라고 한다면, 지금부터 소개하는 내용은 실제적인 내 쇼핑몰 홍보를 블로그와 직접적으로 연결, 홍보에 활용하는 노하우에 속한다.

먼저, 쇼핑몰 사업자들이 대부분 공감하는 쇼핑몰 홍보의 필요성은 더 이상 말하지 않더라도 쇼핑몰 홍보를 위해 그동안 많은 쇼핑몰사업자들이 돈을 쓰고, 시간을 투자해왔던 방법을 정리해 보자.

인터넷쇼핑몰을 시작하는 사람들과 운영중인 사람들 모두 인터넷 키워드 광고만 바라보며 홍보를 할까 말까 고민한다. 그러나, 유일무이한 키워드광고 홍보를 선택할 경우, 내 쇼핑몰에 온 사람이 쇼핑을 할 확률은 얼마나 될까?

이른바, 구매전환율을 말하는데, 키워드광고로 예상하는 구매 전환율은 1~2% 내외에 지나지 않는다. 가령, 키워드 광고를 클릭하고 내 쇼핑몰에 들어온 한 사람이 물건을 살 확률은 0.2~0.5% 이기 때문에 100명이 들어와서 한 두 명만 물건을 구입해도 일단은 성공한 것이라고 생각한다. 광고 홍보 성공률 0.2%에 매달리는 사람들이 그동안 온라인홍보의 필수라고 생각해왔던 가짓수를 정리하자면 다음과 같다.

1 검색 광고

검색광고란 네이버, daum 등의 포털사이트에서 누리꾼들이 검색어를 입력하면 컴퓨터 모니터 윗부분부터 보이는 각종 광고를 말한다. 같은 검색 광고 가운데 이미지를 사용하는 배너 광고가 누리꾼들의 접속 비율이 낮은 반면, 검색어에 연관된 광고가 노출됨으로 광고 효율이 다소 높은 편인데, 한 달에 일정액을 자기가 정하고 예산 범위 내에서 활용할 수도 있는 방법이다.

① **오버추어 광고** : 네이버, daum, 네이트 등 국내 주요 포털 사이트에서 검색 결과 제일 윗부분에 노출되는 광고이다. 이 부분은 일명 스폰서링크라고 하고, 광고주들은 광고 예산 범위 내에서 한정적으로 활용할 수도 있다.

② **구글 광고** : daum, 옥션, 인터파크 등 주요 사이트에서 검색 결과 제일 윗부분에 스폰서 링크 이름의 영역에 노출되는 광고를 말한다.

③ **네이버 클릭초이스** : 네이버 검색 결과에서 파워링크, 비즈사이트, 지식iN 스폰서링크 영역이 이에 해당된다.

④ **daum 애드클릭스** : daum 검색결과에서 비즈사이트와 미디어다음, 미즈넷, 블로그 영역 등에 노출되는 광고 상품이다.

ⓐ 키워드 중심주의!

네이버, daum, 네이트 등을 사용하는 누리꾼들이 많은 요즘 각 사이트에서 검색어를 입력하고 그 결과를 정보로 얻는 경우가 대다수이다. 또한, 예전에 꽃배달이라는 단순 키워드를 검색하는 경우가 많았다면, 최근 경향은 꽃배달 빠른 집, 꽃배달 잘하는 곳과 같이 세부적으로 내용을 풀어서 검색하는 누리꾼들이 많아졌다. 즉, 단순 키워드는 광고료가 비싸지만 세부적으로 풀어서 검색하는 '풀이식 키워드'의 경우 잘만 선택하면 뜻하지 않은 효율을 기대할 수 있다.

ⓑ 행사 검색을 활용하기

우리 일상 생활에서 필요한 쇼핑 시간이 있다. 가령, 결혼식, 졸업식, 발렌타인데이, 생일 등인데, 해마다 봄과 여름, 가을, 겨울 등으로 계절에 연관된 키워드가 많다. 내가 만약 꽃배달 쇼핑몰을 운영한다면 주구장창 꽃배달이란 키워드만 사용할 것이 아니라 계절에 따라, 행사 기간에 따라서 생일 선물 꽃이나 졸업 축하 꽃배달이란 복합 키워드를 만들어 활용해야 한다.

ⓒ 쇼핑몰 인터넷 주소에 검색어를 사용하기

꽃배달 사업을 하는 두 인터넷쇼핑몰 중에서 운영하는 쇼핑몰 이름이 플라워베스트 라는 곳과 천사꽃배달이란 곳이 있다면 독자 여러분은 어느 곳을 선택하겠는가? 이름이 어려운 곳 말고, 내가 검색하는 꽃배달이란 단어가 포함된 곳에 더 신뢰가 가지 않는가?

쇼핑몰 이름에 포함된 단어를 사용해서 검색광고 상품을 이용해야 한다. 쇼핑몰을 검색하는 누리꾼들의 경우 쇼핑몰 운영자의 마음과 크게 다르지 않다는 점을 다시 한 번 알아둬야 하는 것이다.

ⓓ 오픈마켓 등의 쇼핑몰에서 판매 중인 상품과 동시에 내 쇼핑몰에서 판매하기

다시 말해서, 오픈마켓 등의 다른 종합쇼핑몰에 내 상품을 입점시키고, 내 쇼핑몰에서도 같이 팔라는 이야기이다. 그리고, daum과 네이버 광고 상품 중에는 키워드를 제안할 수 있는데, 내가 파는 상품의 이름을 키워드 광고상품으로 제안하게 되면 여러 혜택이 생길 수 있다.

가령, 필자가 [독도청바지]라는 상품을 오픈마켓 지마켓에 입점시켜서 올려놓고, daum 키워드광고에 제안해서 [독도청바지]라는 키워드를 같이 팔고자 했다. 그 결과, daum 상단에 키워드 광고로 스폰서링크에도 노출되었으며 [쇼핑하우] 부분에 지마켓에 올려둔 상품이 검색 결과로 나타났다.

naver에서 [독도청바지]를 검색해보니 검색 결과에 나타났다. 한 가지 재미있는 것은 필자의 독도청바지를 키워드 광고로 사용하는 다른 쇼핑몰도 있다는 점이었다.

지마켓은 상품 판매자로부터 별도의 광고료를 받진 않으나 쇼핑몰로서 각 포털 사이트에 광고료를 지불하고 있다. 상품 코드 하나당 한 달에 일정 비용을 내는데, 상품 판매자의 입장에서 상품 이미지에 자기가 운영하는 쇼핑몰 주소를 넣게 된다면 또 다른 알짜 홍보 방법이 될 수 있는데, 종합쇼핑몰에 따라 상품 이미지에 쇼핑몰 로고 등을 넣는 행위를 금지하는 경우도 있으니 선별해서 사용해야 한다.

이 정도로 정리되는 쇼핑몰 홍보 방법은 대다수 쇼핑몰 사업자들이 주로 알고 있고 활용한 방법들이다. 이 외에도 블로그와 카페를 활용해서 커뮤니티마케팅이라고 불리는 광고를 하기도 하는데, 그 용어만 어려울 뿐, 카페에 가입해서 모임 등에 자주 나간 뒤 카페 회원들을 쇼핑몰 고객으로 영입하라는 뜻이다.

흔히 이야기 하는 블로그마케팅이란 것도 쇼핑몰과 연관된 블로그를 만들고 꾸준히 글들을 올려서 블로그 방문자 수를 늘린 다음 내 쇼핑몰 홍보를 정보성으로 하라는 뜻이다. 꾸준히 하라는 말 밖에 해주지 않는 그들.

하지만, 이렇게 해보니 정말 내 쇼핑몰 방문자가 늘고, 뜻대로 광고 효과를 봤다고 자신하는가? 필자도 온갖 방법을 동원해봤지만 온라인쇼핑몰 홍보에 딱히 이렇다 할 효과를 보장하는 광고 방법은 없었다. 게다가, 온라인쇼핑몰 광고 효과에 비해서 부담되는 광고비는 적은 자본으로 시작하는 쇼핑몰사업자들의 대다수를 절망에 빠트리기까지 하기도 했다.

📢 인터넷 광고비 절약하고, 블로그로 인터넷 홍보하려면 어떻게 해야 할까?

방법은 딱 한 가지! 주의할 점만 알고, 그에 대한 대비책을 세우면 된다는 결론에 다다르게 되었다. 먼저, 광고비를 줄여라! 가능하다면 무료광고를 하라는 것이다. 그러기 위해선 블로그마케팅이 필수였고, 이름을 붙여 쇼핑블로그가 나오게 된 것이다.

자, 이제부터 쇼핑블로그를 만들어 내 쇼핑몰 홍보하는 방법을 알아보도록 한다. 여기서는 내 블로그를 통해 내 쇼핑몰을 홍보하는 방법을 알아보며, 방문객 1인당 구매전환 비율은 제외한다. 그러나, 키워드광고를 통해 쇼핑몰을 방문한 고객과 다양한 정보를 지닌 쇼핑블로그를 통해 방문한 고객의 구매성향엔 분명 차이가 존재한다.

앞서 설명한 쇼핑블로그는 온라인 소비자들의 쇼핑에서 반드시 거치는 단계인 가격 비교, 상품 페이지 검색, 판매자 신뢰도 확인 등의 것들을 쇼핑블로그를 통해 모두 해결가능하도록 쇼핑블로그 콘텐츠를 만들어야 한다는 전제 조건이 있다.

그러한 전제 조건이 갖춰진 후, 쇼핑블로그 콘텐츠 만들기에 대한 블로그 글 쓰기가 필요하고, 마지막 단계로 '내 블로그에 쇼핑몰 링크 달기'를 하게 되는 것이다.

소개하는 쇼핑몰 링크 달기 방법은 기능적으로 현재 daum과 Naver 블로그에서 활용 가능한 방법이며, 앞으로 블로그의 마케팅 활용 방안이 발전할수록 다양한 홍보 툴(TOOL)이 추가될 수 있다는 점을 미리 밝힌다.

블로그에 [위젯] 링크

필자의 블로그를 보면 아래와 같다. 필자는 동영상도 사용하는데, 필자의 패션쇼를 홍보하여 상품 판매에 신뢰감을 강조하는 기능으로 사용된다. 필자의 블로그 아래 부분을 보자. 필자의 블로그에만 있는 세로 형태의 직사각형 배너들을 보게 된다. 모두 위젯 영역이다. 이 위젯 영역을 활용하면 내 쇼핑몰 홍보에 활용 가능하다.

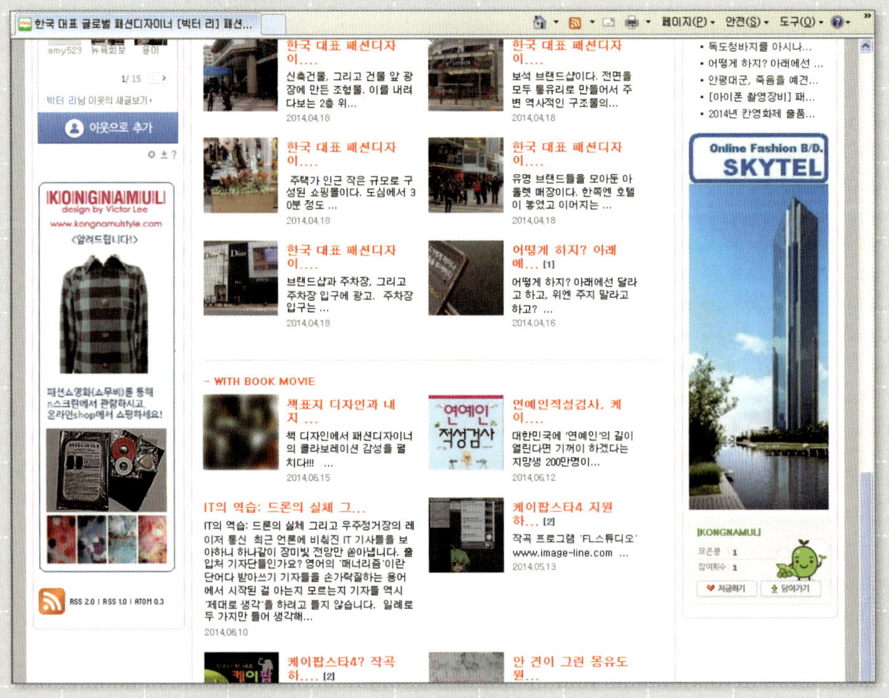

위젯은 위 쇼핑블로그 [관리] 메뉴를 통해 선택한다. 위젯을 내 블로그에 설치하는 방법에 대해 알아두고 블로그 방문자들이 내 쇼핑몰에 바로 갈 수 있도록 구성해보자. 인터넷 홍보는 15인치, 17인치, 22인치 등처럼 정해진 모니터에서 벌어지는 마케팅이다. 그래서 누가 어떻게 무엇을 배치했는가 제일 중요하다.

'나는 여백이 좋아!'

이런 사람이 있다면 지금 당장 온라인마케팅은 멈추자. 블로그 방문자들이 정보를 얻을 수 있도록 최소한의 배려도 안 해주는 사람이다. 요즘엔 3인치, 5인치 등처럼 스마트폰 화면으로 옮겨갔지만 아직도 유선 인터넷 사용자가 50%인 상황에서 모니터로 보는 웹디자인이 중요하다. 블로그 하나라도 비전략적으로 만들면 안 된다는 이야기다.

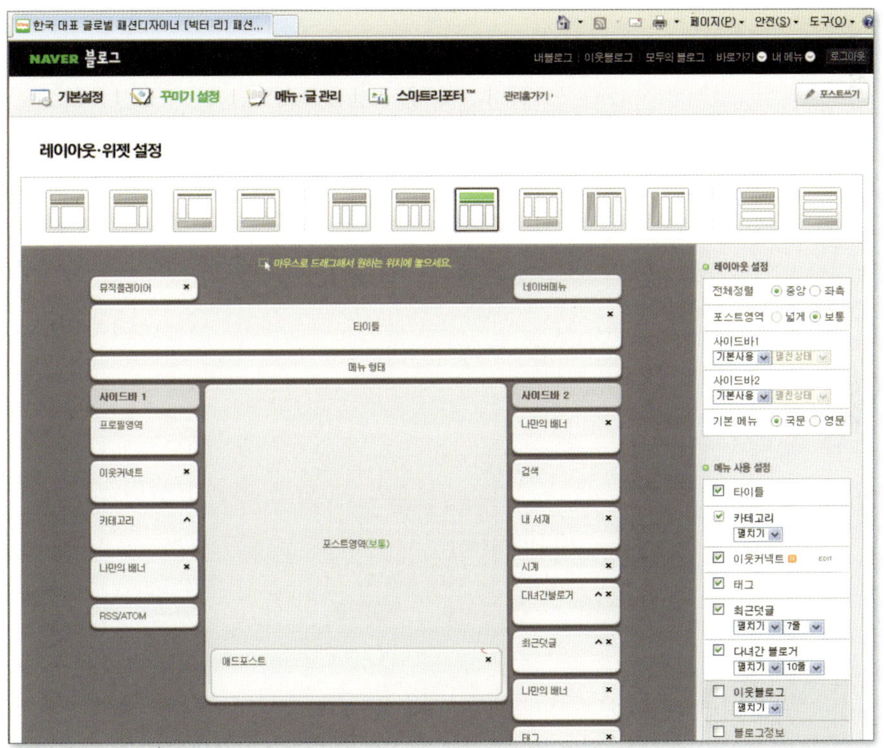

[위젯] 영역으로 가서 쇼핑몰 홍보에 활용 가능한 위젯을 고르도록 하자.

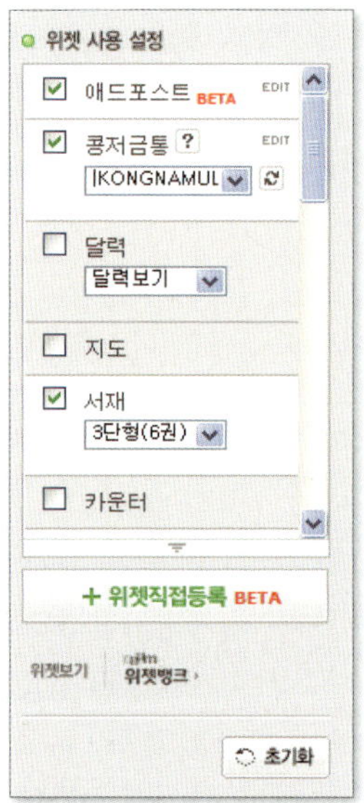

위젯을 등록하는 방법은 여러 가지가 있다. 우선 naver에서 알려주는 방법을 사용해보자.

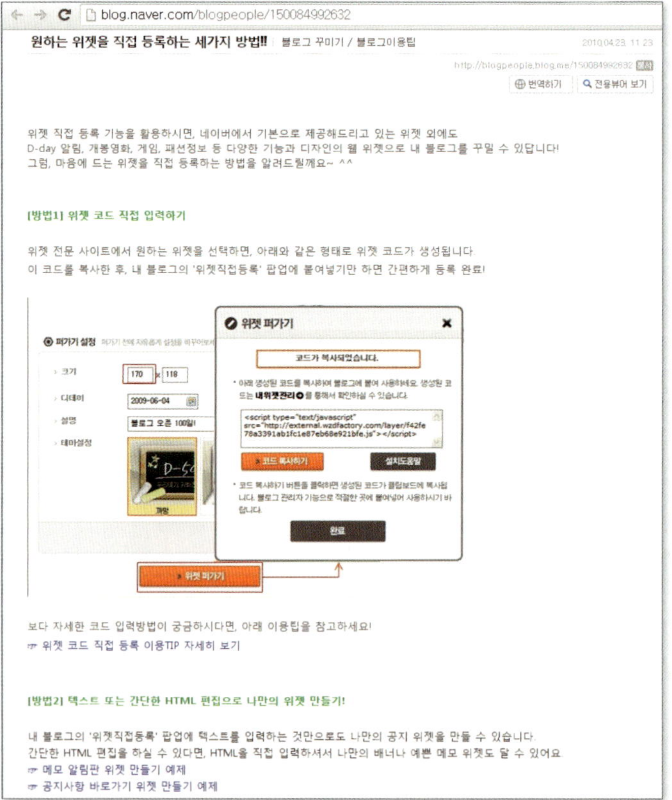

출처: http://blog.naver.com/blogpeople/150084992632

설명을 보면 이렇다. 네이버 블로그에서 기본 제공하는 위젯 외에도 영화, 게임, 패션 등의 위젯을 만들어서 내 블로그를 꾸밀 수 있다는 얘기다. 방법도 쉽다.

위젯 전문 사이트에 가서 위젯을 선택하면 나타나는 위젯 코드를 복사, 내 블로그 레이아웃 페이지에 와서 '위젯 직접 등록' 팝업창에 붙여넣기만 하면 된다는 설명이다. 복사와 붙여넣기 과정만으로 위젯을 내 블로그에 달 수 있다는 이야기다.

블로그에 달고 싶은 위젯을 선택한 후에 위젯의 크기, 색상 등을 입력하고 '담기'를 선택하면 된다.

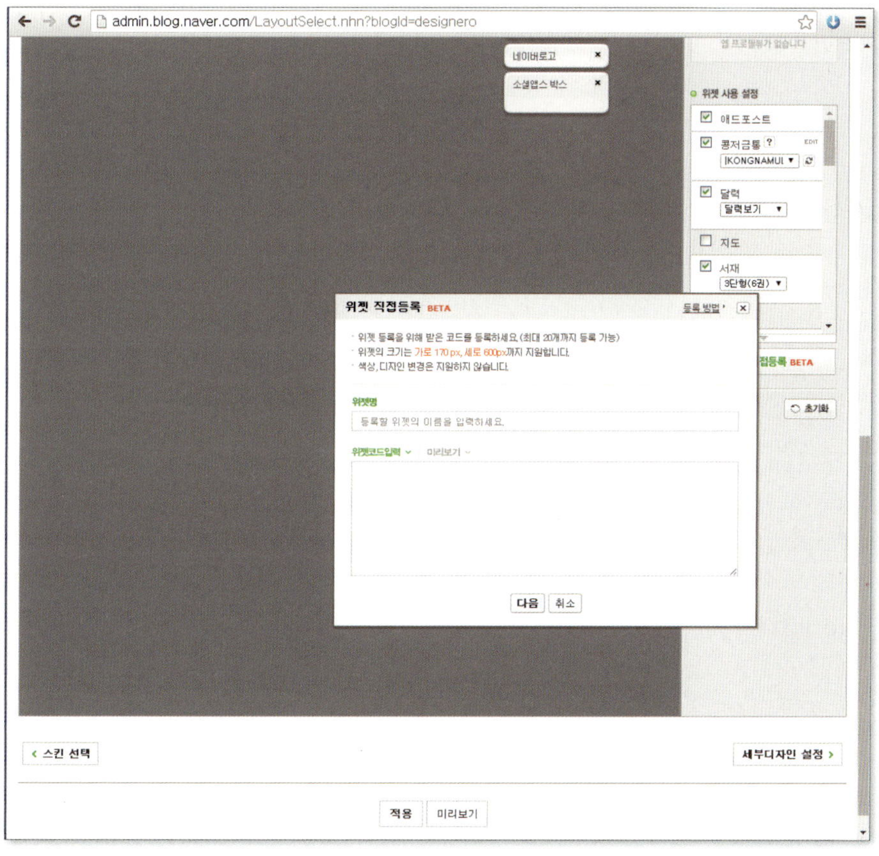

내 블로그 레이아웃 기능 페이지로 들어와서 '위젯 직접 등록' 기능을 선택해보자. 아래와 같은 팝업창이 나타난다. 여기에 위젯 이름, 위젯 코드를 입력하면 된다는 말씀. 내 블로그에 위젯을 최대 20개까지 넣을 수 있으며 위젯 하나당 크기는 가로 170픽셀, 세로 600픽셀이다.

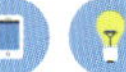

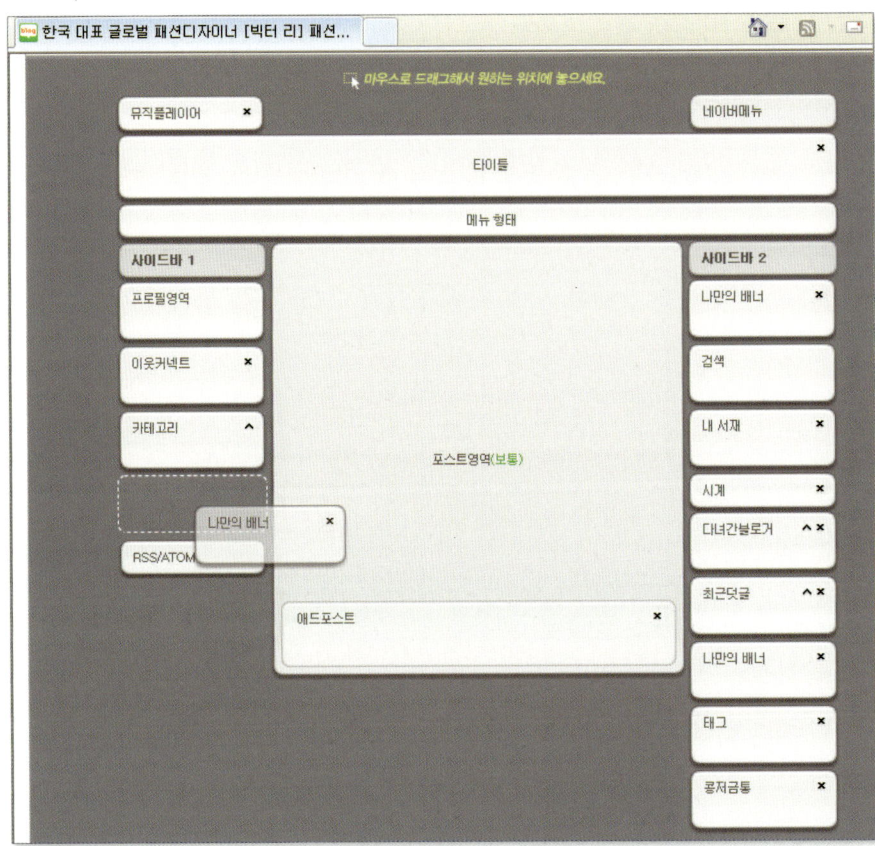

물론 퍼온 순서대로 위젯의 배치는 아래쪽에 놓이는데 레이아웃 페이지에서 마우스로 위젯을 꾹 누르고 원하는 위치에 데려다 놓을 수 있으니 걱정할 건 아니다.

내 블로그에 메모알림딱 위젯, 공지사항 위젯을 만들려면?

```
<p align="center"> <b>제목을 써주세요!</b> <br>

<img src=" http://blogimgs.naver.com/section/h1_blog.gif " width="170" > <br> <br> </p>

<span style="FONT-SIZE: 8pt"> <font color="#ff6c00">알리고 싶은 메모의 내용은 여기에다 쏭쏭!! ^^
</font> </span> <br> <br>

<li>글머리 기호를 표시하려면</li> <br>

<li>이 태그를 활용하세요!</li> <br>
```

출처: http://blog.naver.com/blogpeople/150085821418

```html
<table cellspacing="1" cellpadding="10" width="170" bgcolor="#b7bbb5" border="0">
 <tbody>
  <tr bgcolor="#ffffff">
   <td>
    <li> <b>공지사항 1</b> </li> <br> <br>
    <li> <a href="http://blog.naver.com">공지사항2</a> </li> <br>
    <li> <a href="http://blog.naver.com">공지사항3</a> </li> <br>
    <li> <a href="http://blog.naver.com">공지사항4</a> </li> <br>
    <li> <a href="http://blog.naver.com">공지사항5</a> </li> <br>
   </td>
  </tr>
 </tbody>
</table>
```

출처: http://blog.naver.com/blogpeople/150085821382

블로그에 메모알림판 기능과 공지사항 기능을 넣는 방법이다. 그러니까 원하는 기능의 위젯을 고르고 위에 네이버에서 제공하는 소스코드를 선택한 후에 '코드를 복사'해서 다시 내 블로그 레이아웃에 와서, 위젯 직접 등록 창을 열어 붙여넣기 하면 된다.
위젯 직접 등록 창에 가져온 위젯 소스코드가 복사되어 표시되는데 이때 공지사항 제목과 글, 메모알림판 제목과 메모 내용을 자유롭게 넣을 수 있다.

다만, 위젯을 만들 때는 반드시 '미리보기'를 해서 이상이 없는지 확인하는 게 좋고 위젯의 위치까지 지정했다면 레이아웃 페이지를 후딱 나가지 말고 반드시 스크롤 마우스를 내려서 [적용]을 눌러주는 걸 잊지 말자. 필자의 경우에도 항상 보면 '적용'을 눌러주는 걸 잊어버리고 그냥 나가곤 해서 번번이 다시 돌아올 때가 많았다.

블로그에 [본문] 링크

이건 고전적인 방법에 속하지만, 정보화 시켜서 연결하는 본문 링크 방법이다. 본문에 정보화하는 방법은 정보화 내용으로 인터뷰 형태의 자료 심기를 말하는데, 쇼핑몰 자료 이미지로 주소 링크 거는 방법도 있고, 인터뷰 콘텐츠 업로드 시, 현재 직업 등으로 링크 거는 방법이 있다. 또한, 관련 기사(내용) 보기로 연결 유도하기도 가능하다.

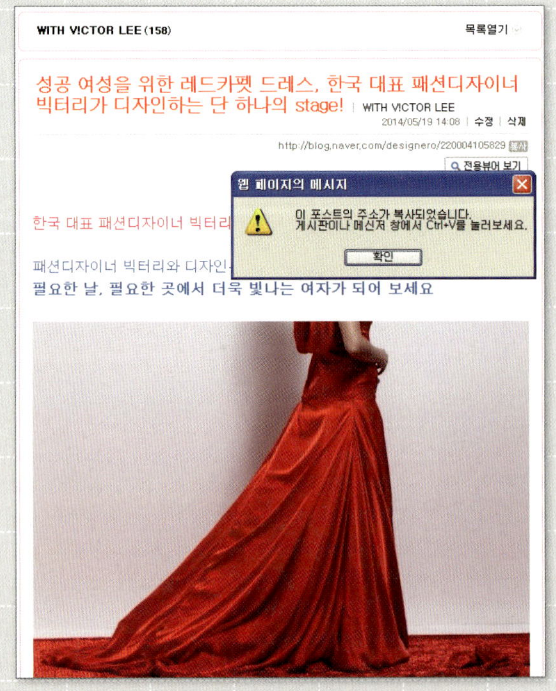

먼저 [본문 링크]랑 글의 주소를 복사해둔다.

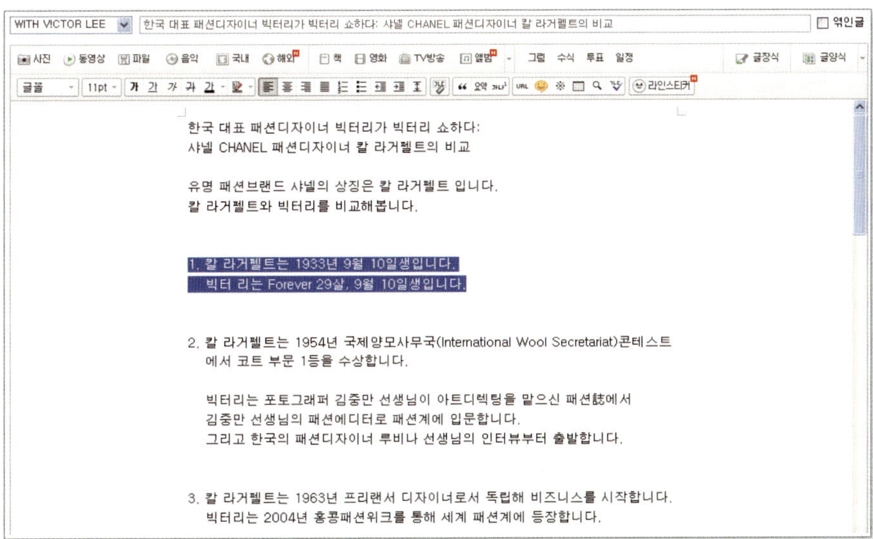

다른 글에 [수정] 메뉴를 통해 영역을 설정하고 'URL'로 표시된 기능을 선택, 앞에 저장해둔 글의 주소를 붙여넣기 한다. 필자의 경우 링크 주소로 필자의 쇼핑블로그 주소를 넣었으나, 개인별 쇼핑몰 주소를 넣어도 된다.

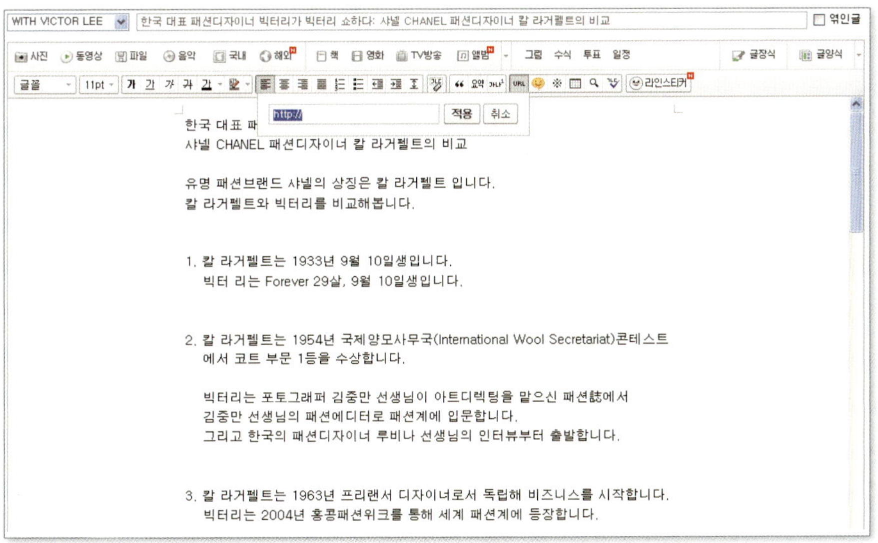

그 다음엔 [적용]한다. 해당 글은 [확인]을 눌러서 저장한다. 링크가 제대로 이뤄졌는지 확인한다.

블로그 글에 링크를 해둔 곳에 마우스를 대면 밑줄이 표시되며 왼쪽 아래에 링크 주소가 표시된 걸 확인할 수 있다. [본문 링크]된 부분이며 블로그 방문자가 글을 읽으며 마우스를 클릭하면 링크해둔 쇼핑몰 상품 페이지로 이동하게 된다.

(5)

블로그에 [텍스트 노출] 링크

텍스트 노출은 본문 링크와 비슷하나 문장이 아닌 '단어'로 연결한다고 해서 차별화가 된다. [본문 링크]의 경우 다른 글의 전반적인 글 내용 일부를 보여줌으로써 링크를 모르던 블로그 방문자가 관련 글까지 읽게 하는 불편을 줄 수 있다. 블로그 방문자 입장에서 볼 때, A 글을 읽으러 왔는데, A′ 글까지 보고 있는 기분이다.

또한, [본문 링크]보다 [텍스트 링크]가 좋은 이유는 블로그 방문자 입장에서 관심 여하에 따라 '링크 글 보기'로 선택할 수 있다는 점이다. 앞 내용의 이미지에서 [본문 링크]를 하는 대신 [드레스 정보 보러가기]로 줄여서 링크를 걸었다면, '선탠' 이야기를 보던 블로그 방문자는 선택에 의해 '드레스' 글로 이동할 수 있고 정보에 대한 거부감도 적을 수 있다.

가령, 블로그 글 내용에 '드레스 정보 보러가기'란 텍스트를 쓰고 영역을 선택한 후에 이동하고자 하는 글의 주소로 링크를 걸어주는 방식이다.

[텍스트 링크]는 본문 링크와 마찬가지로 '링크'하고자 하는 글의 주소를 미리 복사해둔다. 그리고, 링크를 걸 글을 찾아서 붙여넣기 한다. 앞서 복사해둔 링크 걸 주소를 위 링크 기능에 넣고, 본문에는 [드레스 정보 보기]로 텍스트를 입력했다. 다시, 글을 확인하고 저장, [등록]을 한 뒤 본문 글을 확인한다.

위와 같이 이상 없이 텍스트 입력이 된 걸 확인한다. 글을 보던 블로그 방문자는 글 내용 중에 [드레스 정보]란 상품이 있는 걸 확인하게 되지만, 상품을 직접 클릭하고 보러 갈지 말지는 자율적으로 선택한다.

'텍스트 노출'은 '키워드 노출'과 비슷한데, 검색 페이지에 노출되는 인기 쇼핑 관련 키워드를 내 블로그 본문에 삽입하고, 자동 웹문서로 노출되는 방법도 있다. 되도록 많이, 되도록 자세하게 텍스트를 분산 시키고 배치하는 게 포인트이다.

(6)

블로그에 [정보 첨부] 링크

네이버 블로그에 글을 쓸 때 정보 첨부 기능을 활용한다. 책이나 영화 등의 콘텐츠 상품이 있다면 해당 메뉴를 선택하고 정보를 불러올 수 있다.

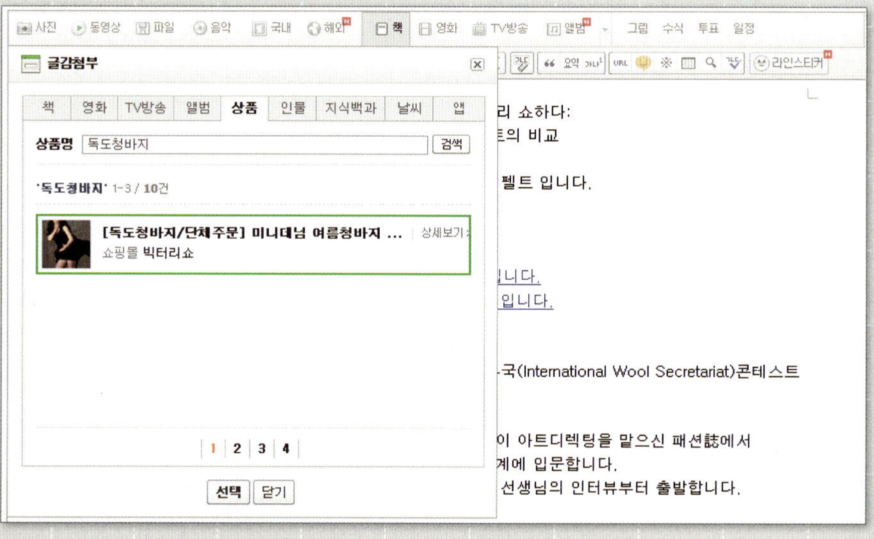

이 경우 블로그 글쓰기 공간의 어디에 넣을 것인지 미리 위치를 선정해서 마우스를 갖다 놓은 후 정보 메뉴를 열어서 자료를 찾아 '선택'한다. '상품'일 경우엔 블로그에 담고자 하는 상품을 검색해서 찾는다. 그리고 [선택].

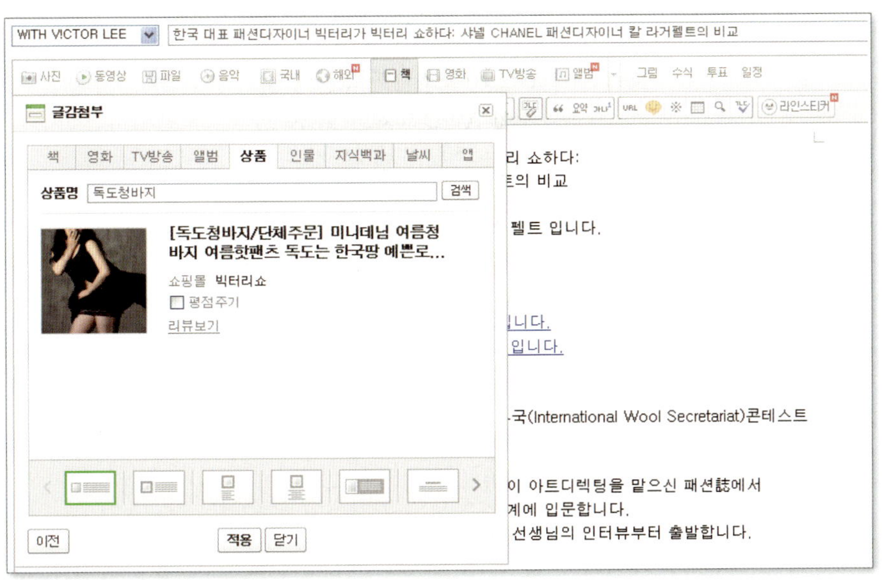

상품 정보를 어떤 형태로 블로그 글에 입력할 것인지 형태를 정하는 단계다. 평점을 주고 다른 사람들이 쓴 리뷰를 볼 수도 있다.

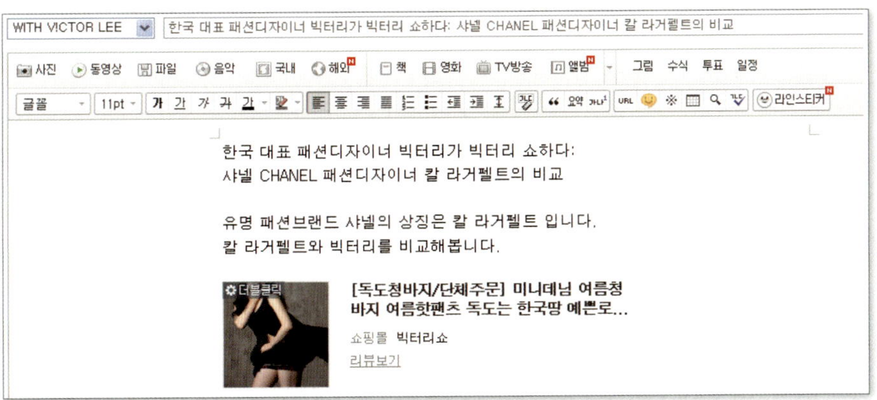

블로그 글 본문에 상품정보가 포함된 걸 확인할 수 있다. 이 정보를 삭제할 때는 블로그 글 '수정' 기능에서 글 쓰기 창을 열고 마우스로 선택하거나 마우스를 해당 위치에 놓은 후 키보드에서 삭제 기능을 누르면 된다.

[정보] 검색 결과 작은 창 하나가 더 생기면서 내가 필요한 정보를 묻는데 필요한 상품을 골라서 [넣기]를 선택하면 내 블로그 본문 속으로 정보가 들어온다. 글 확인 후 [등록]을 누르면 끝.
본문을 다시 확인해서 내가 원하는 정보가 글의 적당한 위치에 제대로 들어갔는지 확인한다.

블로그에 [기타] 링크

포털 사이트의 검색 결과를 보여주는 방법은 검색 후 인터넷에 있는 정보를 찾아오면서 몇 가지 기준이 있는데, 검색어가 관련 정보 내에서 얼마나 반복되고 있는지 확인하고, 제목과 본문의 정보의 양과 문장을 검색한다.

첫째, 블로그에 글을 올릴 때에는 제목에 검색어로 쇼핑몰 이름이 들어가도록 신경 쓴다.

가령, 내 쇼핑몰을 홍보하기 위해 블로그를 만들고 홍보하기 시작했다면, 내 블로그의 콘텐츠를 올릴 때마다 제목과 내용에 누리꾼들이 잘 쓰는 검색어를 최대한 적절하고 많이 넣어야 한다는 뜻이다. 그래야만, 각 포털사이트에서 검색 결과를 누리꾼에게 보여줄 때 내 블로그를 검색 페이지 위에 보여줄 가능성이 커진다.

앞서 필자의 경우, 그저 바라보다가(그바보)란 드라마에 대해 감상평을 적을 기회가 있었는데, 원 제목은 '그저 바라보다가(그바보)에서 배우 000의 존재감이 적은 이유'라는 내용이었다.

그리고, 그 글이 제대로 올려졌는지 포털 사이트에서 검색해보자 배우 이름 000으로 검색할 경우엔 검색 결과로 보이지 않았고, 오히려 '그바보' 또는 '그저 바라 보다가'로 검색해보니 블로그 영역 상단에 나타나는 걸 확인했다.

그 이유는 무엇일까?

각 포털 사이트의 검색엔진은 제목부터 검색하고 그 글의 본문을 검색하는데, 수만, 수백만의 정보를 일시에 긁어오려다 보니 자세한 정보 검색보다는 각 글 제목에서 유사성 있는 단어를 찾게 되는 것이다. 게다가, 시간 관계상 문제인지 글 제목을 전체 다 훑어보지도 않고, 오로지 제목 앞부분에 있는 연관어 또는 검색어를 집어 올려 검색결과로 가져가게 된다.

이런 방법은 추천할만한 방법은 아니다. 다만, 알아둘 필요가 있어서 소개만 한다. 필자의 경우, 블로그에 올리는 글마다 daum에선 '엮인글 제한', 네이버에선 '공감 제한'을 하는데, 앞서 '엮인글 허용'을 했더니 필자의 글마다 요상한 광고들이 굴비 엮듯 주르륵 매달리는 일을 경험했다.

그나마 관련 글은 없고, 이상한 성인광고와 홍보성 글만 가득했다. 심지어 외국 어느 블로그 운영자인지 뜻도 모를 외국어로 필자의 글에 트랙백(엮인글)을 걸어두기에 이 기능을 아예 사용하지 않고 있다.

블로그는 랜덤방문이라는 기능으로 다른 이의 블로그를 무작위로 방문할 수 있는 방법이 있다. 내 블로그에서 '랜덤 방문하기'를 누르면 해당 사이트에 등록된 블로그 가운데 '랜덤 방문 허용'되는 블로그를 방문하게 된다.

이때, 내 블로그 이름을 '왕대박할인점', '무조건싼쇼핑몰', '쇼핑정보노하우'등의 내 쇼핑몰 관련 이름으로 정한다면, 상대방의 블로그에 '다녀간 블로거'란 메뉴에 남게 되는데, 내가 방문한 블로그의 운영자 뿐만 아니라 같은 블로그를 방문하는 다른 방문자들에게도 눈에 띄게 되어 신기하고 재미있는 블로그 이름의 경우 재방문하게 된다.

필자의 블로그에도 이따금 홍보성 이름을 지닌 블로거가 랜덤 방문 기능으로 방문하곤 하는데, 그 사용 예를 보면 아래와 같다.

위 [다녀간 블로거] 메뉴에서 '은교's story'님이란 블로거를 선택했다.

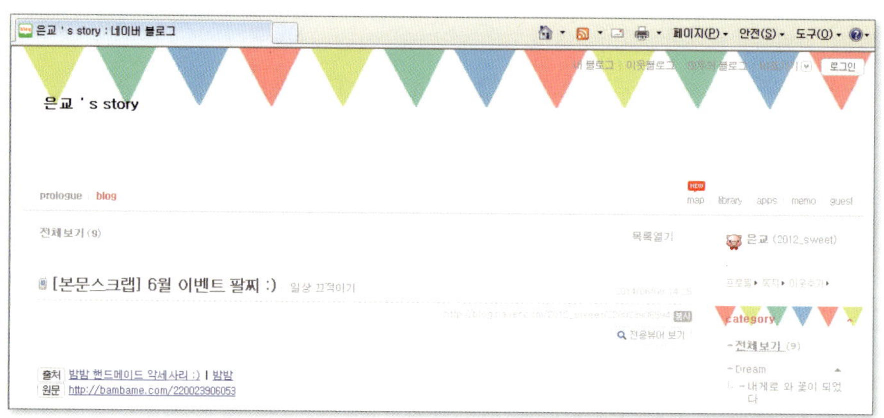

출처: http://blog.naver.com/2012_sweet

그러나 해당 블로그에는 광고만 보인다. 이른바, 랜덤 홍보 블로그이다. 이런 랜덤 방문으로 자기 쇼핑블로그를 홍보하는 방법은 되도록 블로그 이름과 상품명이 일치되는 게 좋다.

넷째, 다른 블로그의 인기 글에 엮인글(트랙백)로 내 블로그 홍보하기

블로그를 하려는 사람들 가운데 트랙백이란 단어에 대해 궁금증을 갖는 사람들이 많다. 트랙백이란 쉽게 이해하자면 남의 블로그 등처럼 다른 곳에 있는 글에 대해서 내 블로그에 관련 글을 쓰는 것을 말한다.

가령, 덧글(REPLY)은 어떤 글에 대해 읽은 사람이 그 글 아래에 이어서 자신의 의견을 쓰는 것인데, '트랙백'이란 다른 이의 글에 대해서 그 글 바로 아래에 자기 의견을 쓰지 않고, 내 블로그에서 자기가 읽은 글에 대해 의견을 달아주는 걸 말한다.

이렇게 되면, 어떤 글이 인기 있을 경우, 그 글을 읽는 사람은 그 글 아래에 달린 '트랙백'을 보게 되고, 글에 대한 다른 이의 의견이 궁금할 경우 '트랙백' 글을 선택하게 되는데, 이 과정을 통해 인기글을 읽은 사람들이 트랙백을 통해 내 블로그로 오게 되는 결과를 만들 수 있는 것이다. 그리고 '트랙백'이란 블로그 서비스를 운영하는 사이트마다 다른 이름을 사용하는데, '엮인글', '이어 말하기', '관련 글', '되오름 글' 등의 종류가 있다.

트랙백(엮인글)은 인기글을 게시한 사람에게 방문자를 빼앗기는 결과만 만드는 안 좋은 기능일까?

내가 올린 글이 인기를 끌 경우 많은 이들이 내 블로그에서 내 글을 읽고, 내 블로그에만 머물렀으면 하는 바람은 모든 블로그 운영자의 기대사항이다. 다른 블로그 말고 내 블로그에 머물며 내가 올린 글만 읽기를 바라는 마음이다.

그러나, 트랙백 기능은 누가 내 글을 읽었는지를 알려주는 기능도 된다는 점을 볼 때, 인기 글을 올린 사람에게도 좋은 면이 있다. 누가 내 글을 읽었고, 누가 나와 같은 관심을 가졌는지 알 수 있기 때문이다. 트랙백 기능을 활용한 블로그 운영자들 간에 인맥이 형성되는 것이다.

이러한 다양성의 기능을 가진 트랙백은 2002년 8월에 발표되었는데, 트랙백 규격은 국제규격으로써 서로 다른 서비스와 프로그램일지라도 호환성을 갖는다. 다만, 단점이라고 한다면, 트랙백을 달 경우, 처음 올린 글은 '수정'하기 어렵다는 점이 있다.

네이버 블로그를 사용해서 홍보하기에 좋은 점과 다소 부족한 점에 대해 알아보자. 홍보 효과가 기대되는 부분은 무엇이며, 특별히 활용해야할 부분은 무엇인지 알아두자. 네이버 사용자라면 누구나 블로그가 생기지만 사용자가 어떻게 하느냐에 따라서 방문자가 많거나 적게 된다. 네이버 블로그에서 활용해야할 부분은 무엇인지 자기만의 전략을 세우면서 배우도록 한다.

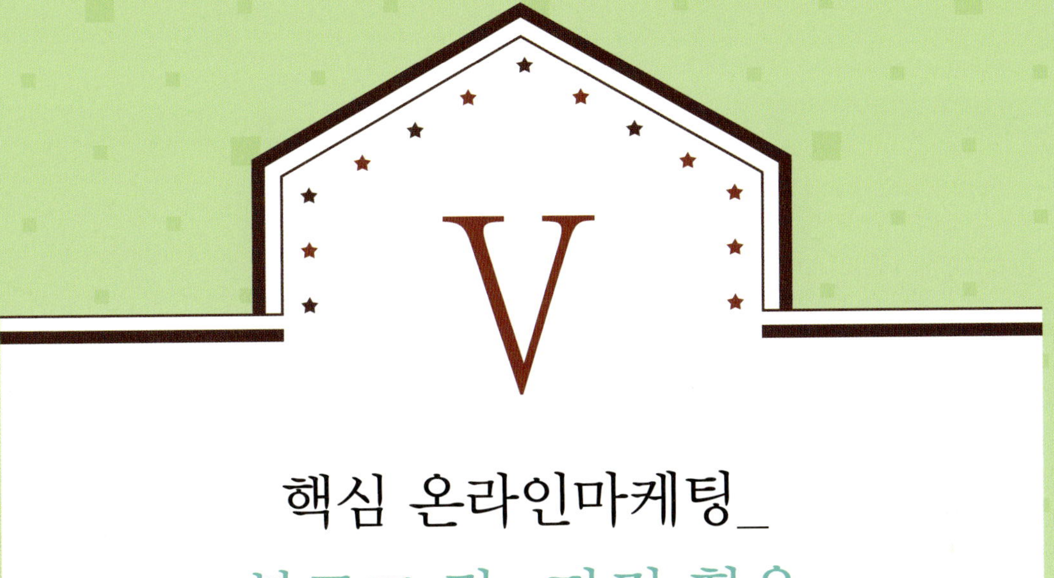

[네이버 & daum]

네이버
www.naver.com

네이버는 사람들이 '검색'하기 위해 많이 찾는 사이트이다. 이 사실은 이의를 제기할 사람들이 없을 것이다. 검색하러 오는 네이버란 이야기는 네이버에서 문제를 해결하고, 콘텐츠를 즐기는 사람들이 많다는 이야기와 같다.

(1)

네이버 블로그에서 홍보하기에
좋은 점과 부족한 점

네이버는 이용자 수가 많다는 점이 장점이다. 홍보하기에도 좋다. 네이버 블로그를 만들면 내가 만든 블로그를 찾는 방문자 수가 많을 것이며 블로그 하나만 잘 만들어도 웬만한 다른 인터넷 사이트보다도 더 많은 방문자를 확보할 수 있고 홍보효과도 기대할 수 있을 것이다.

a 홍보하기에 좋은 점

그럼 어떻게 해야 검색이 잘 될까? 네이버 블로그에 콘텐츠에 대한 내용을 올려도 검색 결과로 잘 보일까? 사람들이 많이 찾아올까? 여러 부분에 대해 고민이 생길 것이다.

통계상으로 볼 때 네이버는 인터넷 이용자들의 거의 70%에 달하는 수가 검색 서비스를 이용하고 있으며, 네이버에서 검색된 각 페이지뷰 역시 다른 사이트 대비해서 50% 절반을 넘어서는 비율을 차지하고 있다. 대한민국 사람이라면 네이버에서 검색한다는 이야기가 솔깃해지는 부분이다.

물론, 네이버에서 검색해도 daum이나 네이트 등의 다른 사이트 내용도 검색이된다. 한편으론 네이버에서 여러 사이트 내용을 검색할 수 있으므로 편리하긴 하지만, 다른 한편으론 네이버에만 머무르게 되는 것 같아서 다른 사이트에 갈 기회가 점점 없어지지 않나 우려도 든다.

인터넷에 홍보하려면 네이버 하나면 충분하다는 생각을 하게 돼서다.

정리하자면, 네이버 블로그가 홍보하기에 좋은 점이 많다는 건 부정할 수 없다. 다만, 두드러진 상표 홍보하기에 치우지면 안 되고 다른 여러 사람들에게 시의성, 속보성, 간결성에 맞게 다양한 정보가치가 있는 내용을 우선 만들어야 하는 게 중요하다. 네이버에서도 자기 사이트에서 검색 상품을 좋아하는 소비자를 머물게 하기 위해선 좋은 정보를 확보하고 보여야 하기 때문이다.

네이버에서 검색하면 내 블로그 내용이 보인다는 사실 하나만으로도 홍보 목적은 뚜렷하다.

b 홍보하기에 부족한 점

그러나, 네이버 블로그가 홍보하기에 살짝 부족한 점은 네이버 안에서 네이버 위주로 블로그를 운영해야 한다는 암시적인 테두리 때문이다. 물론, 인터넷 기업들이 사용자들을 많이 확보하려는 건 기업의 생존을 위해서도 중요한 것이긴 하지만 네이버에서 검색할 경우 네이버 안에서 검색되는 자료들이 더 많이 결과로 보인다는 부분이다.

다시 말하면, 네이버 블로그 외에 daum이나 네이트, 구글 등에서 여러 블로그를 운영하며 정보를 올려도 네이버 내에 비슷한 정보가 있다면 그걸 먼저 보인다는 점이다. 어찌할 수는 없는 노릇이지만, 네이버 블로그 말고 다른 블로그를 운영하던 사람이라면 이 때문에라도 네이버로 와야 하는 강력한 사용자 수 유입 수단이 될 것 같다.

네이버의 검색결과에 어울리는 내용으로 정보를 가공해야 한다.

그래서, 콘텐츠를 홍보하려면 우선적으로 네이버에 어울리는 콘텐츠로 가공하고 정보가치를 높여한다는 게 중요하다. 다른 곳에서 정보를 작성하고 홍보하는 것도 큰 도움이 안 되고 네이버 블로그 내에서만 정보를 쏟아 부어야 한다는 점이다.

홍보하기에 부족한 점은 그래서 홍보하기에 편리한 점도 된다. 네이버 블로그를 운영하면서 내 블로그에 방문자는 사람들의 나이, 성별, 방문시간대, 키워드 유입 등을 분석해서 그에 어울리는 정보를 만들어내면 홍보효과가 더 높아질 수 있기 때문이다.

네이버에서만 정보를 만들어야 하지만 다른 말로 네이버에서 강력한 홍보효과를 낼 수 있다는 점도 된다.

콘텐츠를 만들고 블로그에 올랐다고 해도 daum이나 네이버와 같은 포털사이트에서는 검색이 안 된다. 가령, 네이버가 제휴를 맺고 콘텐츠를 네이버 검색결과로 보이게 하는 방법도 가능하겠지만 현재로선 불가능한 일이다. 그럼, 블로그에 올린 콘텐츠는 어떻게 홍보해야 할까? 네이버 블로그나 daum 블로그, 네이트 판, 구글 등에 발행자가 직접 홍보를 해야 한다. 이 중에 네이버 블로그가 가장 좋은 서비스라는 걸 말하기 위함이다.

네이버 블로그에서
홍보하기에 좋은 레이아웃

네이버 블로그 에서 레이아웃 기능을 사용할 수 있다. 네이버 블로그
레이아웃 관리 메뉴를 알아보자.

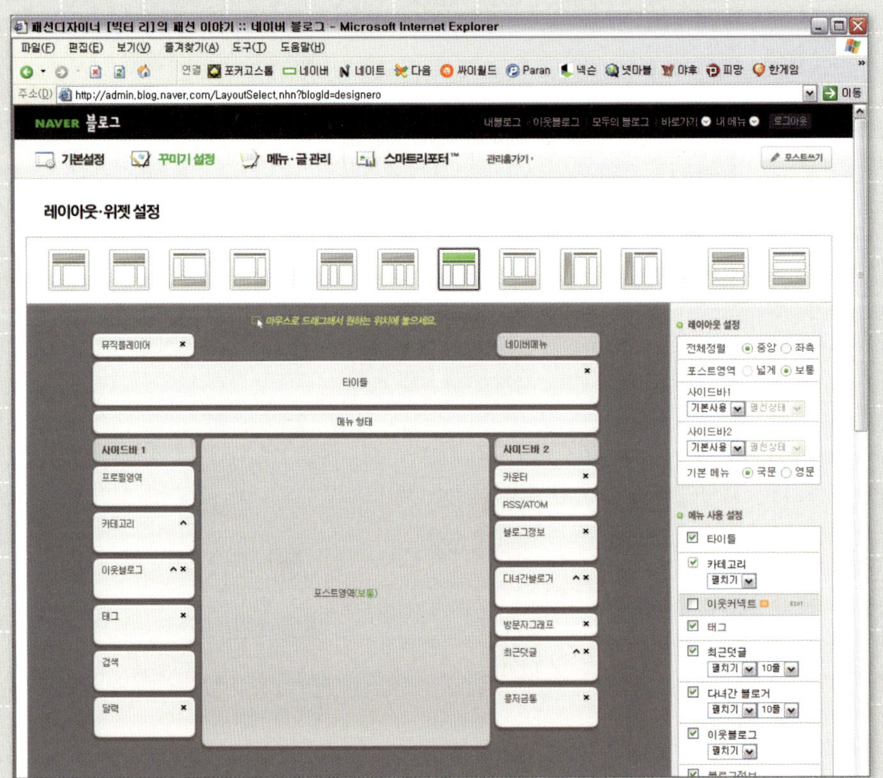

블로그 레이아웃을 보자. 여러분의 것과 어떤 점이 다른가? 이번엔 네이버 첫 페이지 형태를 살펴보자.

필자의 블로그 구성은 네이버 첫 페이지 구성과 비슷하다. 이는 네이버 블로그 기능 중에서 레이아웃 형태가 네이버 첫 화면과 비슷하도록 제공해주는 덕이기도 하다. 이 글을 보다가 혹시, 필자가 샘플로 보이는 블로그는 세로 세 줄 구성이고, 네이버 첫 페이지는 세로 두 줄 아닌가? 반문할 수도 있다. 그렇다면 네이버 메뉴 아무거나 클릭하고 두 번째 페이지로 이동해보자.

이번엔 어떻게 보이는가? 네이버 블로그 페이지를 보면 필자의 블로그 구성과 비슷하다. 네이버 블로그를 운영하는 독자가 있다면 지금 자신의 블로그 구성을 보자. 그리고, 네이버 블로그 첫 페이지와 다르다면 지금 서둘러서 네이버 블로그 페이지의 레이아웃 구조와 비슷한 레이아웃을 사용하자.

위에 설명한 것처럼 최대한 '네이버스럽게' 만들기를 추천한다. 네이버를 사용하는 사람들에게 익숙한 레이아웃을 말하는 거다. 나 혼자 튀겠다고 새로운 형태로 하는 것도 나쁘진 않지만 바람직한 방법은 아니다. 새로운 것은 익숙하지 않은 것과 같은 말이라서 낯설어 하는 사람들이 많다.

생각해보자. 네이버에서 인터넷을 사용하는 사람들이 내 블로그를 봤을 때 첫 인상을 주는 게 레이아웃이다. 내 블로그에 대해서 사람들에게 어떤 느낌을 줄 것인가 염두에 둬야 한다. 네이버에서 익숙한 레이아웃일 경우와 그렇지 않을 경우를 생각할 때 여러분이라면 어느 쪽에 안정감을 느끼게 될 것인지 생각해보면 답을 안다.

그리고, 네이버 블로그의 캐치프레이즈는 "누구나 쉽게 표현하는 세상"이 기본 콘셉트라는 걸 알 수 있는데, 이 말은 네이버에 오는 사람들은 누구나 편안하고 친구같은 느낌을 받게 해주는 게 중요하다는 말과 같을 것이다. 네이버에서 내 블로그 혼자 튀지 않는 게 가장 효과적인 전략인 셈이다.

(3)

네이버 블로그에서 메뉴 구성 노하우

네이버 블로그의 메뉴를 만들 때는 위에서 알아본 레이아웃 방법을 따라가도록 한다. 가능하다면 네이버 사이트에서 보이는 레이아웃 구성과 비슷하게 하되 내 블로그에서 말하고자 하는 바를 정보 형태로 가공해서 각 주제어를 기준으로 메뉴로 구성하자.

예를 들어, 네이버에서 [빅터리 쇼]를 검색해 보자.

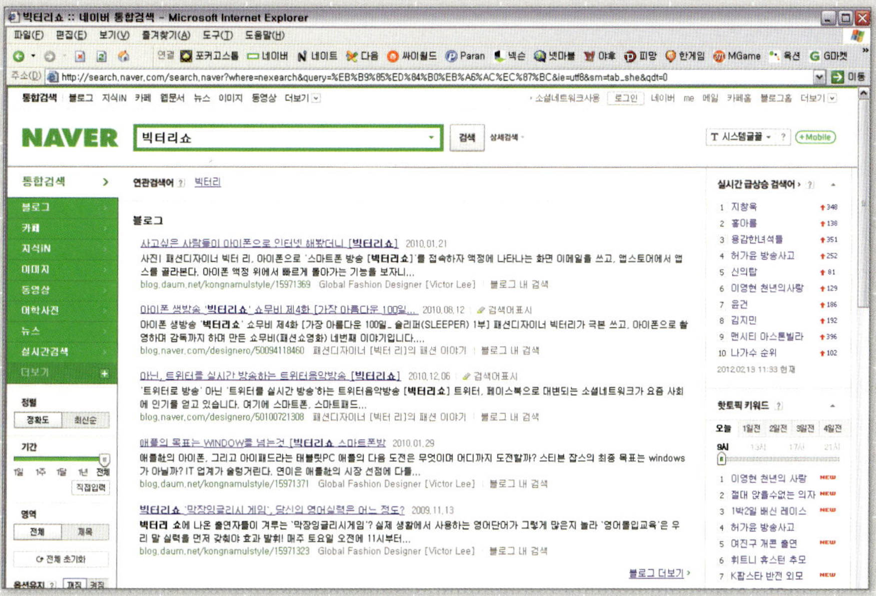

세로로 세 줄이고 가운데엔 3~4줄로 된 요약 내용을 보인다. 이를 통해서 사람들은 네이버에서 검색할 때 한눈에도 보기 편하게 정돈된 검색결과를 얻을 수 있으며, 검색결과 내에서도 왼쪽에 세부 목록을 분류해서 정확하게 찾는 정보를 추가 검색 가능하다.

내가 블로그를 만들겠다고 결심했다면 우선 다른 블로그를 보면서 아이디어를 짜야 한다. 네이버의 레이아웃은 왜 이렇게 했을까 고민해봐야 하고, 사람들은 네이버에서 검색을 많이 이용하는 이유가 무엇일까? 하는 부분에 대해서도 나름의 결과와 이해를 분석해놔야 한다.

그 이유는 바로 사용자들의 인터넷 이용 습관에 달려있다. 여러분들의 인터넷 이용습관은 어떤지 아래 설명에 따라서 생각해보자.

- 1단계 : 컴퓨터를 켜면 포털사이트에 접속하기

- 2단계 : 검색창에 검색어를 입력하거나 뉴스 보기

- 3단계 : 이메일을 봐야하면 포털사이트에서 로그인 영역 보기

- 4단계 : 원하는 카페나 블로그로 이동하면서 눈에 들어온 이미지 클릭하기

- 5단계 : 급하진 않지만 관심 있는 서비스로 이동하기

대부분의 사람들이 이렇게 인터넷을 사용하며 사이트 내에서 이동한다. 각 서비스로 이동할 때 사람들의 시야에는 여러분들의 시선을 잡기 위한 배너광고도 보게 될 것이며, 정보와 뉴스를 따라한 광고도 들어올 것이다. 카페나 블로그 메뉴로 이동할 때 마우스를 옮기더라도 마우스를 따라서 시선이 움직이게 되는데 그 사이에 놓인 수많은 배너광고를 지나게 될 것이며, 뉴스 영역에 속보 뉴스와 검색 창 바로 아래에 인기검색어도 시야에 들어오게 된다. 이건 여러분들이 의도해서 보는 게 아니라 인터넷을 이용하는 습관에 따라 자동으로 보게 되는 과정이다.

이 움직임을 네이버 첫 페이지에서 표시하자면 좌상(左上) → 중앙 → 우상(右上) → 중앙 → 좌상(左上)이 된다. 대다수 이용자들이 이 순서를 지키는데, 특이한 경우로 사이트 방문 목적이 쇼핑일 경우엔 쇼핑 영역으로 바로 이동한다. 사이트 방문 목적에 따라 사이트에서 이동하는 길이 다르다는 게 중요하다.

그럼 다시 검색결과로 가서 어떤 메뉴가 있는지 살펴보자.

위에서 살펴본 경로는 네이버 로고 → 검색어 → 검색결과 → 실시간 급상승 검색어 → 검색결과 분류 메뉴로 이동한 걸 알게 된다. 사용자들의 시선을 절묘하게 따라잡으며 사람들이 찾는 필요한 기능들이 적재적소에 위치한 걸 알게 된다.

이번엔 자신이 만든 블로그 메뉴로 가서 보자. 네이버의 메뉴 구성과 같은가? 아니면, 다른가? 문제점은 어디에 있다고 보는가? 어느 쪽이 편한가? 내 블로그에서 사람들은 어디를 볼 것이며 어디를 안 볼 것인가?

내 블로그에 온 사람들이 자기가 찾는 내용을 빨리 못 찾고 이리저리 찾아보며 마우스를 움직여야 한다면 그 사람은 여러분의 블로그를 불편하다고 생각한다. 그럼, 그 사람은 블로그에 다시 올 확률이 줄어든다. 정보도 찾기 힘들고 블로그 이용하기도 어려운데 두 번 다시 안 와야지 하고 사라진다. 실수로 다시 찾아온 경우라면 '아, 여기 거기구나'하고 빨리 뒤돌아 나갈 것이다. '다른데 가야지'라거나 '뭐가 어디 있는지 모르겠네'라며 또 헤매다가 점점 더 흥미를 잃고 나가게 된다. 블로그에서 홍보를 하려고 한 계획이 무너지는 순간이다.

그럼, 내 블로그의 글 구성은 어떻게 해야 할까? 여기까지 알게 된 내용대로 블로그 상단 메뉴 구성과 하단을 같이 해야 할까? 블로그의 아래 메뉴들이나 레이아웃은 상단 쪽 메뉴 구성이랑 똑같이 하면 될까?

네이버 첫 페이지를 보자. 블로그 하단 구성을 참고하기 위해 네이버 하단 구성을 보는 이유다. 네이버 사이트 하단에 보면 오픈캐스트, 테마캐스트, 네이버캐스트, 쇼핑, 사전, 지도 등의 메뉴가 보인다. 사람들이 가장 많이 찾는 네이버의 첫 페이지인데 어째 풍부하지 않고 내용이 적은 느낌이 날 수도 있다.

생각해보자. 네이버는 하단 영역에 이런 구성을 왜 했을까? 네이버에서는 나처럼 생각하지 않아서 귀찮고 어려우니까? 만들 내용이 없어서 하단 영역에 별로 신경을 안 쓴 것일까? 사람들이 잘 안 보는 곳이라서 대충 이것저것 갖다놓은 걸까? 그리고, 지금 네이버 사이트의 하단을 보는 당신은 어떤 메뉴를 보는지 확인해보자.

그 답은 바로 당신 자신에게 있다. 인터넷 사용자들은 자신이들이 사용하는 인터넷 이용습관에서 좀처럼 벗어나지 않는다. 마우스를 한 번만 굴리면 알를 다 볼 수 있는데도 보는 경우가 드물다. 자신에게 필요한 메뉴는 모드 위에 있어서 그렇고, 사람들이 주로 찾는 메뉴를 위에다 둔 네이버의 전략 구성 덕분이기도 하다.

역으로 생각해서, 카페, 블로그, 메일, 뉴스 같은 기능을 네이버 첫 페이지 아래 쪽에 뒀다고 해보자. 네이버에 접속하는 사람들은 대부분 마우스를 한번 굴려서 아래로 올 것이고 자기가 원하는 기능을 사용하게 된다. 하지만, 이때 사람들은 '괜찮아'라고 할까 아니면 '귀찮아'라고 할까?

'왜 필요도 없는 메뉴를 위에다 두고 내가 자주 사용하는 기능은 아래에 뒀지?'라고 생각한다면 그건 인터넷 관련 기업에 다니는 사람이거나 인터넷사업을 하려는 사람일 가능성이 매우 높다. 대부분의 사람들은 그런 생각을 안 하고 본능적으로 그냥 사용한다. 그래서, 네이버에 만약에 자기가 자주 사용하는 메뉴가 아래에 있다면 몇 번 해보다가 귀찮아서 안 오게 된다.

인터넷 사이트는 1초 룰에 적용받는다. 마우스를 클릭했을 때 바로바로 넘어가지 않으면 사람들은 지루하다고 여긴다. 원하는 내용이 화면에 바로 표시되지 않으면 '이거 뭔가 문제가 있다!'라고 화를 내기 시작한다. 속도에 특히 민감한 사용자들이라서 그렇다. 뭐, 사실 알고 보면 전 세계 인터넷 환경에서 한국처럼 빠르고 지역 곳곳에서 인터넷이 사용 가능한 환경을 갖춘 나라는 그다지 많지 않지만 그래서인지 한국 사용자들만큼 속도에 민감한 사람들도 드물다.

다시 본론으로 와서, 네이버는 왜 첫 페이지 아래에 사용자들이 만드는 캐스트 메뉴를 구성하고, 이미지와 텍스트를 혼용하는 구성을 했을까? 자주 사용하는 메뉴를 두지 않은 이유는 뭘까? 그건 바로 마우스를 한 번 굴리는 것조자 지루해하는 사람들의 사용환경 때문이다. 대다수의 사람들은 검색, 쇼핑, 메일을 사용하러 인터넷에 접속한다. 그 외에 상당히 적은 수의 사용자들에 한해서 네이버의 곳곳을 살펴보고 뭔가 이용할 내용을 찾는다.

그래서 네이버의 하단에 이미지 중심의 내용들이 표시된 이유는 사용자들의 시선을 빨리 확보하기 위함이며, 텍스트를 올릴 경우 하나씩 읽어봐야하는 불편함 대신에 사람들이 이미지를 보고 느끼는 순간적인 감정을 잡으려고 하기 위함이다. 특히, 한 번 쓱 스치기만 해도 어떤 사진인지 알 수 있는 것들, 예를 들어 사람들 대부분이 알고 있는 스타의 사진이라거나 낯선 풍경 사진이지만 시선을 확 잡아끄는 뭔가가 담긴 이미지들을 주로 표시하게 된다.

네이버를 사용하는 사람들이라고 해도 첫 페이지 하단으로 오는 사람들은 그 수가 거의 없는데, 만에 하나 이런 사람들의 시선까지 붙들어서 이들이 조금이라도 더 오래 네이버에 머물게 할 수 있다면 네이버 입장에선 사용자 확보라는 목표를 달성하는 것과 같다. 사용자 확보가 될수록 사이트의 이용자 수가 많아지는 것이고 그에 따른 광고단가가 높아진다. 이를 이해하고 네이버 하단 메뉴 구성을 다시 보자. 어떤가?

네이버 첫 페이지 하단을 보고 다음으로 검색결과 페이지를 보자.

[빅터리 쇼] 검색어를 입력하고 결과를 보면 '블로그', '웹문서'에 이어서 '카페', '동영상', '이미지' 영역이 나타난다. 물론, 검색결과 페이지는 검색어가 포함된 정보 위주로 노출되는 거라서 일부 내용은 표시되지 않을 수도 있다는 걸 기억하자. 요즘 인터넷 사이트는 사용자의 검색환경을 프로그램에서 파악해서 사용자가 원하는 내용 위주로 결과페이지를 구성하는 기술을 사용하기 때문이다.

이게 가능한 이유는 어떤 사람들이 네이버 등의 사이트를 사용하는진 모르지만 각 컴퓨터가 어떤 컴퓨터인지는 알기 때문이다. 컴퓨터에는 모드 주소가 있는데 이 주소를 기억했다가 그 컴퓨터가 다시 네이버에 접속해서 검색 기능을 사용할 경우 네이버에서는 예전에 같은 컴퓨터에서 주로 찾던 내용을 기억해서 사용자가 원할 만한 내용으로 맞춰서 사이트를 보여준다는 뜻이다.

가령, 집에서 '한국 대표 패션디자이너 빅터리'를 검색할 때와 PC방이나 다른 곳 컴퓨터를 켜서 '한국 대표 패션디자이너 빅터리'를 검색할 때의 검색결과 페이지가 다르다는 말이다.

그래서 네이버 검색 결과를 살펴보면, 통합검색, 블로그, 카페, 지식iN, 이미지, 동영상, 사전, 뉴스, 실시간검색 순서로 되어 있지만 다른 컴퓨터를 사용할 경우엔 이 순서대로 검색결과를 노출할 게 아니라는 뜻이다. 그 컴퓨터를 사용하는 사람이 동영상을 즐기는지, 이미지를 자주 보는지, 전문자료를 자주 보는지 그 습성에 따라서 검색결과 페이지네 나타내는 순서가 다르다는 말이다.

그 이유는 무엇일까?

그건 바로 네이버에서 사용하는 프로그램이 사람들의 인터넷 이용습관을 분석하고 맞춤식 검색결과를 서비스하고 있기 때문이다.

네이버에서는 일정한 프로그램 연산에 따라서 사이트 페이지에 검색 결과를 표시하게 되어 있는데, 모든 사람들의 개성을 파악해서 적용하기란 불가능하므로 사람들이 사이트에서 이용하는 검색 행태를 분석해서 여기에 맞는 결과를 보여주는 것이다.

말하자면, 네이버에서는 사이트에 오는 사람들의 이용습관을 분석한 결과를 자료로 프로그램에 적용하고 있으며, 각 이용자들의 검색 결과에 따라 최적화된 순서대로 노출시켜주고 있다는 것이다. 내가 네이버에서 이용하는 방식을 분석해서 뭘 좋아하는지, 어느 콘텐츠에 관심 있는지 프로그램으로 정리한 후 이를 통계로 나를 위한 맞춤식 결과를 보여준다는 의미다. 한편으론 편리한 일이지만 다른 의미로는 조금 불편하기도 하다. 개성은 변하기 때문에 그렇다.

예를 들어, 누군가 네이버에서 정보를 검색하다가 특정 단어에 대해 이미지를 보는 게 많다면 네이버의 프로그램은 이 사람을 위해 이미지 결과를 제일 먼저 보여준다. 이 사람에 대한 모든 걸 알기에 가능한 건 아니고, 이 사람이라고 추정되는 컴퓨터를 기반으로 사용행태를 분석해서 만드는 결과다. 바꿔 말하면, 네이버는 어떤 컴퓨터를 주로 사용하는 사람은 어떤 습성을 지녔는지 정도를 알고 있는 셈이다. 사람 개개인을 몰라도 그 컴퓨터에서 이뤄지는 작업은 어떤 것인지 안다.

자, 이젠 자신이 만든 블로그 메뉴를 살펴보자. 블로그 상단 메뉴와 블로그 하단엔 어떻게 구성할까? 간단하다. 자신의 블로그 상단메뉴를 구성하는데 여러 가지 알찬 정보를 넣고, 하단에는 블로그를 찾아오는 사람들에게 관심을 끌만한 콘텐츠를 노출하는 것이다. 내 블로그에 오는 사람들 모두 어떤 사람인지는 몰라도 대다수 사람들이 좋아할 만한 콘텐츠를 노출시켜두면 내 블로그에 오는 사람들이 머무는 시간이 많아진다. 이 방식은 네이버와 동일한 전략을 쓰는 것이 된다.

사람들은 내 블로그에 담긴 정보를 모두 보는 게 아니다. 사람들은 자기가 찾는 중인 하나의 정보, 특정한 결과를 찾다가 내 블로그에 오게 된다. 그리고, 자기가 원하는 걸 찾은 후에는 바로 나간다. 내 블로그에 머무는 시간은 너무 촉박해서 여러 가지 다른 정보도 보여주지 못하는 셈이다. 이럴 때 내 블로그 구성을 사람들이 좋아할 만한, 사람들이 머물고 싶어 할만한 내용으로 채워두는 전략이다.

오프라인에서 생각해보면 파로매라도 붙잡아서 자리에 앉혀두고 싶지만 그럴 수 없는 게 블로그다. 인터넷이란 환경 속에서 내 블로그에 오는 사람들이 누군지, 성별도 모르고 이름도 모르고, 나이도 모르며 누가 누군지 전혀 모른다. 이럴 경우엔 1:1 상담도 불가능하다. 오로지 콘텐츠로 승부해야 한다. 사람들이 좋아할 만한 콘텐츠를 많이 담아두고 적절하게 보이면서 사람들이 내 블로그에 머물도록 해야 한다.

방문자들이 내 블로그에 오래 있도록 하는 방법은 그들이 원하는 정보, 그들에게 어필할 수 있는 정보를 블로그에 담아두는 것이고, 방문자들이 정보를 보고 마우스를 우연히 아래로 내리다가 "이건 또 뭐야?"라고 시선을 고정할 수 있는 재미있는 콘텐츠를 넣어야 한다는 게 중요하다.

네이버 사용자들의 특징을 알고 홍보하기

네이버의 이용자들은 어떤 사람들일까? 연령대는 10대가 많은지 20대가 많은지, 아니면, 50~60대가 많은지 알 수 있는 방법은 없을까? 이 글을 보는 독자는 네이버에 어느 연령대의 사람들이 많다고 보는가? 정답은 이렇다. 네이버에 가장 많은 이용자는 정체불명의 이용자들이다. 성별도 모르고, 나이도 모르며 접속 지역과 접속 시간대만 알 수 있을 뿐이다.

무슨 말일까?

인터넷을 사용하는 사람들은 로그인하지 않는다. 정보검색은 로그인이 필요없고, 그래서 네이버는 누가 뭘 봤는지 모르는 대신에 어느 콘텐츠가 인기 있는지, 사람들이 뭘 검색하고 어디에 관심있는지 정도만 안다. 그래서, 인터넷에 '인기 검색어'라는 서비스가 등장하게 된 것이다. 만약, 네이버가 제공하는 사이트 이용자 분포도가 있다면 그건 로그인하고 자기 정체를 밝힌 사람들이 네이버에서 이용한 사용행태를 기준으로 분석한 자료다. 사용지역과 사용시간대는 나오지만 누구인지는 안 나온다.

그럼, 네이버 사용자도 모르는데 내 블로그를 어떻게 꾸며야 하며, 어떤 내용으로 담아야 하는지 전략을 세우는 것조차 불가능한 거 아니냐고 반문하는 사람들이 있을 수 있다. 이에 대한 답을 내자면, 정체를 모르기 때문에 전체를 대상으로 홍보할 수 있다는 장점이 크다는 점을 알아야 한다고 말하겠다. 누가 누군지 정확하게 안다면 1:1로 일일이 만나서 설명하듯 홍보해야 하지만 이건 전체를 대상으로 하는 홍보이므로 오히려 맞춤식 홍보보다 더 쉽다는 얘기다.

물론, 개인을 알아야 그에 맞는 정확성 높은 정보를 올리고, 그 사람을 대상으로 내 홍보를 하기 편하다는 말도 맞다. 틀리지 않다. 하지만 다르게 보면 누가 누군지 정확하게 알아도 홍보의 효과는 기대하기 어렵다. 네이버를 이용하는 이유가 정보검색인데 기껏 누군가의 홍보를 듣자고 오는 게 아니라서 그렇다. 개인이 누구인지 정확하게 알게 되어도 거기에 맞춘 홍보가 쉬워지지만은 않다는 걸 지적하는 애기다.

네이버 블로그를 만들고 콘텐츠 홍보에 사용하기 위한 목적이 있는데 그렇다고 전혀 홍보를 안 할 수도 없다는 게 고민이라면 그건 시간을 기다려야 한다. 네이버 블로그는 처음 만들고 3개월은 꾸준히 자료도 올리고 로그인해서 정보를 가꿔야만 비로소 네이버에서 '살아있는 블로그'라고 생각한다.

수백만 개가 넘는 블로그를 일일이 검색하고 자료조사할 수는 없지만 네이버에서는 3개월 이상 꾸준히 블로그 내용이 올라오는 블로그를 자료로 금세 알아볼 수 있는 시스템이 있다. 활동성을 간직한 블로그라고 인식이 되면 그때서야 그 블로그 글을 네이버 블로그 페이지에 홍보해준다거나 블로그 정보를 다양하게 알려준다. 블로그 지원이 이뤄지는 단계다.

결론이다.

네이버 블로그를 만들고 콘텐츠를 홍보하는 데 이용하자면 사람들이 가장 많이 이용하는 네이버 '검색'을 적극 활용해야 한다.

블로그와 검색은 연관이 깊다. 검색을 장점으로 한국 인터넷 시장 강자가 된 네이버는 검색시장 점유율 약 70%에 해당하는 대한민국 1등 포털 사이트다. 여기에 필요한 건 검색되는 정보의 가치가 중요하다는 것이고, 가치가 없는 정보가 많아진다면 사람들이 네이버를 다시 찾지 않게 되는 치명적인 결과가 나올 수 있다. 그래서 네이버는 블로그를 중요하게 여긴다.

그래서, 블로그는 네이버의 검색을 활용하여 네이버의 메뉴를 보면서 부족한 정보는 무엇인지 파악하고, 네이버가 중요하게 여기는 서비스를 파악해서 내가 만든 블로그의 콘텐츠로 작성하는 방법이 필요하다.

다수의 블로거들은 인터넷에 시시각각 변하는 인기 키워드와 실시간 급상승 검색어를 눈여겨 보는 이유가 있다. 인기검색어가 뜨는 순간 사람들은 그 단어를 집중적으로 검색하게 되고, 내 블로그에 그와 연관된 내용이 있으면 내 블로그에 찾아오는 사람들도 많아진다는 게 된다. 당연히 내 블로그에 사람들이 몰리면서 그들 중 일부는 내 블로그에 담긴 여러 정보를 보게 되고 콘텐츠와 내가 하는 일 등에도 알고 나가게 된다.

인터넷 홍보가 제대로 이뤄지는 순간이다.

다만, 주의해야할 점이 있다. 인기 키워드에 너무 집착하면 안 된다는 것으로, 심지어 인기 검색어 노출만 바라고 내용은 어디서 복사해서 붙여넣은 채 인기검색어 달랑 하나 올려두고 블로그를 운영하는 사람도 많다. 그런 블로그에가게 되면 머리부터 발끝까지 온통 광고하는 내용 뿐이고 정작 사람들이 원하는 자세한 정보는 없음을 알게 되는데, 이런 일이 반복되면 사람들 중에는 그 블로그를 '신고'하게 되고, 네이버가 불량한 블로그라고 판단될 경우 그 블로그에 올라오는 자료나 정보들은 검색결과로 보이지 않도록 블라인드 처리를 할 수도 있다.

게다가, 인기 키워드를 소재로 블로그 내용을 쓰는 건 나 외에도 많은 사람들이 주목하는 것이기에 내가 작성한다고 해도 글 내용의 분량과 가치에 따라서 뒤로 밀리는 일도 빈번하게 생기며, 자꾸 이런 일이 반복되면 어느 순간 내 블로그에는 인기검색어 모음집이 되어버리고 마는 일이 벌어진다.

따라서 인기 키워드 검색어를 사용하는 정보 내용은 필요할 때만 사용하는 게 바람직하며, 평상시에는 내가 가진 정보를 다른 이들과 공유하는 올바른 블로그 활용이 중요하다. 콘텐츠를 집중으로 홍보할 게 아니라 콘텐츠의 중요성이라든지 콘텐츠 활용이 필요한 이유와 어떤 콘텐츠가 좋은 것인지 분별하는 방법 드에 대한 정보처럼 내 블로그가 콘텐츠에 대해 특색을 갖추고 전문적이라는 평가가 나올 때까지 관리를 우선 시 해야 한다는 게 중요하다.

네이버 블로그에 방문자를 늘리는 노하우

블로그에 방문자 늘리는 방법이 있는지 물어오는 사람들이 많다. 초보자일수록 빠른 효과를 얻고자 하는 마음은 알겠는데 순식간에 블로그 방문자를 늘리게 하는 방법은 없다고 보는 게 속편하다. 물론, 일정 프로그램을 사용해서 비정상적으로 방문자를 늘리는 방법은 가능하다. 하지만, 그렇게 한다고 해도 머지않아 그 블로그는 닫히고 만다. 그럴 바에야 하나씩 천천히 블로그를 만들어나가는 게 필요하다.

많은 블로그 운영자들이 사용하는 방법은 '인기 검색어'에 연관된 내용 작성하기다. 실시간 인기 검색어는 검색하는 사람들 수가 늘면서 블로그에 높은 방문자 수를 확인하게 해준다. 하지만 이게 쉬운 것만은 아니다.

인기검색어를 사용해서 블로그 내용을 작성하는 건 오로지 방문자 수 높이기만 가능할 뿐이고 콘텐츠랑 연결시켜서 홍보 효과를 기대하기도 어렵다. 게다가 다른 일도 못하고 항상 인터넷만 보면서 인기 검색어가 나오는 순간 그에 대한 글 쓸 준비를 하고 있어야 할 정도다.

다른 일은 할 생각이 불가능하며 인기검색어 관련 글을 쓰려고 다른 사람들을 가져오기도 하고 신문기사를 그대로 옮겨 적기도 한다. 아이러니하게도 인기검색어가 뜨는 순간 인기검색어 관련 글을 작성하기 위해 내가 어느새 인기검색어를 검색하는 모양새가 연출되기도 한다. 뭔가 이상하지 않은가? 그러면서 다른 사람 블로그나 신문기사를 베끼기도 하고 그러다보면 내 블로그인데 순전히 남의 글로만 도배되어 있는 모습이 되기도 한다. 방문자 수 높이기는 전략으로서는 한계가 있다는 말이다.

가령, 인기 검색어를 사용하여 블로그 방문자 수가 늘어난 걸 경험해보면 사실 그 기분은 좋다. 그래서, 매일매일 인기검색어 위주로 블로그 글 내용을 작성하는 사람도 생긴다. 하지만 나중에 보면 남는 게 없다. 블로그를 홍보용으로 만드는 것까진 좋았는데 나중에 보면 홍보목적은 둘째 치고 방문자 수 늘리기에 희열을 느낀다는 사람도 많이 있다.

이런 블로그는 나중에 보면 사람들이 블로그 재방문을 하지 않는다. 심지어 블로그에 대한 평가도 좋진 않아진다. 사람들은 궁금해서 순간적으로 인기 검색어를 클릭하고 내 블로그에 내용을 보러왔지만 거기서 끝이다. 그들 머릿속에 내 블로그가 '좋다'는 생각이 들지 않으면 그들은 즐겨찾기를 하지도 않고, RSS 기능으로 내 블로그 구독을 하지도 않는다. '아, 이거 광고 블로그구나!'라는 생각에 이르면서 다시 찾지 않는다.

어떻게 할까?

많은 사람들이 즐겨찾기도 해두며 구독하는 사람들을 확보하려면 블로그를 어떻게 꾸미는 게 좋을까 방법을 알아보자.

우선, 블로그 방문자 수를 늘리려면 검색결과 페이지에 윗 부분에 나오게 해야 하는데 이를 위해서 시간대에 맞는 정보를 올리고 사람들이 관심을 갖는 주제에 대해 정기적인 내용을 작성하는 방법을 추천한다. 아침 시간과 오후시간, 저녁시간대에 인기검색어가 다르듯이 사람들의 관심도도 달라진다는 점에 착안하는 것이다.

남들보다 위에, 검색결과 페이지 상단에 나오게 하는 방법은 블로그 글을 아침 8시 30분부터 9시 30분 사이에 올리는 방법이 있다. 지하철에서 스마트폰으로 뉴스를 검색하고 그날 처리할 일이나 공부를 위해 검색을 하는 사람들이 많은데 이들을 위한 정보를 만드는 방법이다.

가령, 직장인들을 위한 하루 전의 주가 시황이라던가, 살아가는 법이 바뀌는 정치 이야기, 또는 기업정보나 각 종 생활경제 정보를 위주로 담는다. 예를 들어, 근로소득세, 연말정산, 상여금 정보에 대해 세금관계와 소액 재테크 활용법도 좋다. 아침 출근시간과 출근해서 커피 한 잔 하는 시간대에 인터넷을 하는 사람들의 습성을 공략하는 홍보방법이다. 아침 일찍부터 인터넷을 하는 사람들이라면 주가정보, 뉴스검색, 어제 TV드라마 내용 등처럼 소소한 검색을 많이 한다. 이를 내용으로 블로그 글을 작성하게 되면 검색결과에 표시될 가능성이 높고, 이를 토대로 내 블로그 방문자가 많아진다.

시간대에 맞춰서 일과를 기준으로 정보를 업로드 한다. 가령, 낮 12시 경에는 맛집이나 쇼핑 정보, 스타일링 정보를 올려서 직장인들에게 점심식사 메뉴를 조언하고, 쇼핑이나 스타일 정보를 만들어서 여성들의 자유시간이 많은 시간대에 검색이 가능하도록 하는 것이다. 이렇게 정보를 올리다 보면 내 블로그 방문자가 늘어나게 되고, 내 프로필 소개에 콘텐츠 발행자 내지는 콘텐츠 어플 이미지나 정보를 올려둬도 반감을 가질 사람들이 줄어든다.

인터넷을 사용하는 10대, 20대 사용자들을 고려하여 여드름, 패션스타일링 위주로 정보를 올리되, 저녁 퇴근 시간 무렵과 오후 시간대에는 식사를 준비하는 20~30대 연령층의 젊은 주부를 위해 요리처럼 생활문화 정보를 집중적으로 만든다.

'어떻게 그 많은 정보를 혼자서 하냐고?'

네이버 블로그는 1인이 운영해도 되지만 여럿이 운영해도 된다. 여기서 말하는 다양한 정보를 올리라는 것은 하나의 블로그에 여러 생활 관련 메뉴를 넣어서 검색이 자주 되게 하자는 이야기이며, 블로그의 콘셉과 특징은 콘텐츠와 동떨어진 내용이면 안 된다.

콘텐츠를 발행하는 사람이 홍보용으로 운영하는 블로그가 아니라, 생활정보가 많은 사람이 나중에 알고 보니 콘텐츠를 운영하는 사람이더라 하는 순서가 되어야 한다.

'그게 그거 아니냐?'

아니다. 홍보블로그라고 인식하고 오는 사람은 두 번 이상 방문하지 않지만 정보 블로그네 라고 생각하는 사람은 즐겨찾기를 하고 구독까지 한다. '나한테 필요한 블로그'라고 인식되게 해야 하는 게 중요하다.

네이버 블로그에서
'서로이웃'이 홍보에 미치는 영향

네이버 블로그 엔 서로이웃 맺기가 있다. 이 기능은 한 사람이 신청하고 상대방이 승인을 해야만 관계가 맺어진다. 블로그에 들어갔는데 내용이 좋고 블로그 운영자와 친해지고 싶을 때 사용하는 방법이기도 하다.

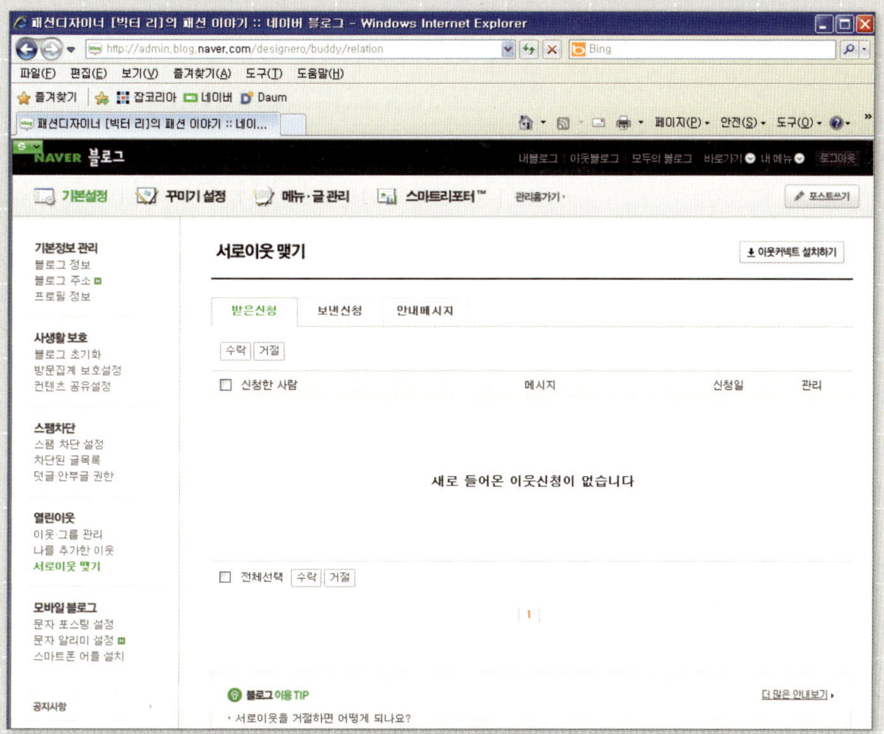

서로이웃의 장점은 온라인에서 만난 인맥을 더욱 친하게 맺는다는 느낌을 준다. 가령, 블로그 운영자가 내가 잘 아는 사람인데 온라인에서도 그 관계를 이어가고 싶다면 블로그를 만들고 서로이웃을 맺는다. 블로그를 운영하면서 글 공개를 서로이웃에게만 할 경우 다른 사람들은 모르고 서로이웃과만 공유할 수도 있다. 콘텐츠를 본 사람이 발행자가 운영하는 블로그에 와서 '서로이웃'을 맺어두면 '콘텐츠'라는 매개체로 서로 인맥이 맺어지는 것과 같은 셈이다.

그러나, 서로이웃의 단점은 어느 상대방이 [거절]을 할 수 있으며, 이 경우 [서로이웃]이 아니라 단지 [이웃] 블로그로만 표시된다. 서로이웃을 신청한 쪽에게 은근히 자존심 상하는 일이다.

하지만 이 점에 대해선 블로그 프로필이나 서로이웃 신청을 한 사람에게 양해의 글을 보내는 게 좋다. 이 블로그는 콘텐츠를 운영하면서 다양한 정보를 전달하기 위해 만든 거라서 모든 글이 전체공개이므로 서로이웃을 맺을 필요는 없을 것이라고 얘기해주자. 그러나, '서로이웃'을 맺고 받아들이면서 블로그에 '이 블로그의 이웃' 숫자를 늘리고 싶다면 해도 상관은 없다. 블로그에 이웃이 몇 명인지 그 수를 보고 신뢰도를 갖는 사람도 있으니 말이다.

(7)

네이버 블로그에서
'이웃 추가'가 홍보에 미치는 영향

서로이웃 은 아니지만 상대방의 동의를 구하지 않더라도 내 맘대로 이웃을 하는 방법이 있다. 네이버 블로그에서 [이웃추가]란 '즐겨찾기'를 해두는 것과 같으며, 상대방이 내 블로그를 관심 갖고 자주 찾아보기 위해 이웃추가를 한다.

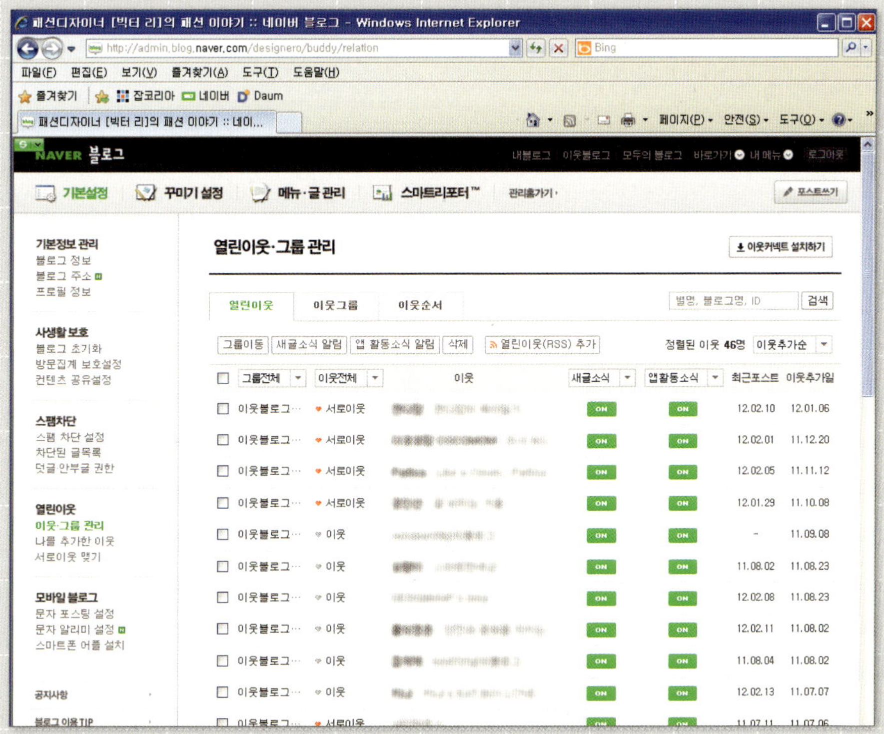

네이버 블로그에서 서로이웃과 이웃추가는 하는 게 좋을까? 아닐까? 이 기능들은 네이버 블로그의 이웃그룹관리에서 설정하는데, 서로이웃 맺기가 1:1 이라면 이웃맺기는 관심 블로그과 같다.

'맺기'와 '차단'은 1초도 안 걸린다.

서로이웃이나 이웃맺기 관계라고 할지라도 그 시간은 오래 가지 않을 수 있다. 일방적으로 이웃 추가해 놓고 다시 곧이어 해지할 수도 잇는 것이며, 이웃 맺기 수를 늘려서 인기블로그라는 홍보를 하는데 도움을 얻는다면 모를까, 이웃맺기의 장점은 이웃 블로그의 새 글이 자동으로 나에게 전달된다는 게 장점이다.

내가 필요한 정보가 잔뜩 있는 블로글 봤는데 블로그 주소를외우거나 즐겨찾기 같은 걸 해두지 않으면 다시 찾아보기 어려울 경우, '이웃맺기' 한 번만 해두면 언제든 방문 가능하다는 게 장점이다.

반면에 이웃추가의 단점은 관계 맺기와 관계 단절이 너무 빠르고 쉽다는 게 문제다. 언제든 내 마음대로 다시 해지할 수 있다는 점이 온라인에서 이뤄지는 단순한 관계를 특징으로 말한다.

가령, A가 마음에 들어서 A를 이웃추가 했는데, 어느날 다시 보니 A가 싫어져서 A를 차단하는 것과 같다. 상대방에 대한 양해와 미안한 감정은 없다. 온라인에서는 오로지 자기 필요에 따라서 관계를 맺고 해지하기도 하는 인간관계의 유지가 마우스 클릭 하나로 이뤄진다는 게 단점이다.

다음(daum)
www.daum.net

daum 사이트에서 인기 블로그를 만들고 홍보하는 방법에 대해 알아보자. 네이버와 daum 사이트는 국내 1, 2위를 유지하는 인기 사이트이므로 블로그를 만들고 인지도를 높이는 게 중요하다. daum 블로그는 네이버와 약간 다른 점이 있으므로 daum 블로그의 특징을 파악해서 블로그 홍보에 도움 되는 전략을 세워보자.

(1)

daum 블로그에서 홍보하기에
좋은 점과 부족한 점

daum 블로그는 블로거뉴스 서비스를 통해 정보와 지식이 많은 양질의 블로그 운영자들을 모아서 큰 성장을 이뤄낸 전력이 있다. 이를 장점으로 daum 블로거라는 명함이 생기고 일반 뉴스 기자들과 같은, 때로는 그 이상의 전문 정보를 쏟아내면서 기자라는 직업을 무색하게 만들면서 나름의 속보성과 가치 면에서도 우위를 점하기도 했다는 게 특징이다.

그래서, daum 블로그를 운영할 때는 이러한 배경을 염두에 두고, 보다 더 깊이 있고 가치를 담은 정보들 위주로 블로그를 운영해야 한다.

ⓐ 홍보하기에 좋은 점

필자 역시 일전에 daum 우수 블로거로서 활동하면서 daum의 첫 페이지에 블로그의 글이 노출된 경험이 다수 있는데, 글 하나에 최대 35만 명이 넘는 조회수를 기록한 적도 있으며 10만, 20만 명의 방문자를 기록한 적도 많다. 이는 블로그 홍보를 계획하는 사람들에겐 상당히 매력적인 상황이 아닐 수 없다. 글 하나에 10만 명만 조회를 한다고 해도 90원 짜리 클릭 광고에 비교하면 900만원에 달하는 광고비 지출과 맞먹는다.

특히 daum 블로그를 운영하면서 daum view를 비롯하여 daum 지도 등의 여러 사이트로 블로그 글을 보낼 수 있다는 게 특징이다.

daum 블로그의 장점은 '내 블로그 글 추천'과 다른 이들에게 오픈 가능한 '공감' 기능이다.
글 쓰기 메뉴에서 '발행'을 설정하고 '주제'를 선택하고 나서 글을 쓴 후 저장하면 글 아래 부분에 '공감' 버튼이 표시된다. 이처럼 다른 사이트에도 보낼 수 있다는 점이며, 블로그 방문자 수 확보를 원하는 블로그 홍보 담당자에게는 상당히 필요한 기능이다.

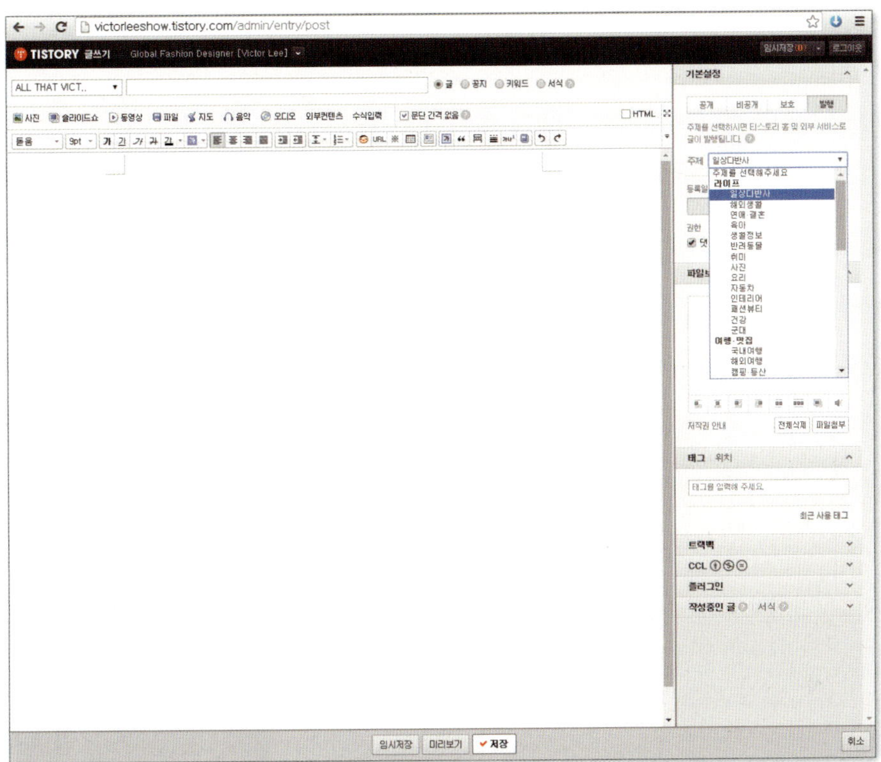

ⓑ 홍보하기에 부족한 점

daum 블로그의 단점은 아니지만, daum 블로그 내에서 소스 코드를 오픈해주고 자유롭게 형태를 바꿀 수 있게 해주는 서비스가 티스토리(www.tistory.com) 블로그이고, daum 이용자는 daum 블로그 또는 daum 아이디로도 티스토리 블로그를 만들어서 사용 가능하다.

하지만, 소스 코드 변경이 자유롭게 티스토리 블로그를 만들어서 이용하려면 시간적으로 투자하는 비용이 들고, 이미지 및 동영상 자료를 일일이 옮기는 게 사람에 따라 불편할 수 있다는 게 단점이다. 그리고 블로그 방문자들 역시 daum 사이트에서 보는 블로그라서 오는 경우가 많은데, 티스토리 블로그로 할 경우 daum을 통해서가 아닌, 티스토리 블로그로 직접 재방문이 이뤄질지, 블로그 구독자들이 계속 유지될지에 대한 우려도 큰 게 사실이다.

결국, daum 블로그를 만들어 운영하는 데에는 daum 사이트 내에서 블로그 서비스를 사용하는 게 더 이익인 걸 알게 된다. daum 사이트에 방문하는 트래픽(방문자 수)을 일정 부분 활용할 수 있다는 것도 놓치기 어려운 점이니 말이다. 그러나 daum에서 블로그 메뉴를 클릭하면 티스토리 블로그로 이동되고 있다는 점을 알아두자.

daum 첫 화면에서 '블로그' 메뉴를 두 번 누르면 티스토리 사이트로 이동한다.

daum 블로그에서
홍보하기에 좋은 레이아웃

먼저, 네이버 블로그의 레이아웃을 기억하자. 네이버 블로그에서는 세로로 세 줄 구조로 된 레이아웃을 추천했는데, daum 블로그 레이아웃을 설정하기 전에 daum 첫 페이지를 보니 역시 세로로 세 줄 구조인 걸 알 수 있다.

따라서, daum 블로그 역시 세로로 세 줄 구성을 하는 게 좋으며 다만, 네이버 블로그와 daum 블로그 사이엔 세부 구조에서 약간 다른 부분이 있으므로 이를 먼저 짚고 알아두자.

daum 첫 페이지에서 여러분의 시선 이동부터 보자. 가장 먼저 daum 로고가 눈에 들어오고, 다음에 검색 창, 그리고 오른쪽 로그인 영역이 들어온다. 그 다음에 중앙에 뉴스 영역이 보이며, 우측으로 쇼핑이 보이고, 다시 왼쪽으로 daum 뉴스와 여러 콘텐츠 영역이 나온다.

이를 위치로 표시하자면, 좌상(左上) → 중앙 → 우 → 중앙 → 좌 → 중앙 → 우 형태가 된다. 네이버와는 약간 다른 방식이다.

왜 daum은 이렇게 했을까?

가장 큰 차이점으로 daum은 첫 페이지 역시 세로 3줄 구조로 구성해서 뉴스 영역이 중앙에서 왼쪽에 위치한 반면, 네이버는 첫 페이지는 세로 두 줄 구조로 구성하여 로그인과 뉴스영역으로만 단출하게 만들었다는 부분이다.

그리고, 또 하나의 차이는 daum의 경우 첫 페이지 중앙에 실시간 인기 검색어를 표시하여 daum 사이트를 찾는 누구나 인기 검색어 검색 상황을 가장 먼저 볼 수 있도록 했다는 점이다. 네이버는 첫 페이지 검색을 한 후에 두 번째 페이지부터 실시간 급등 검색어를 오른쪽에 표시했다.

그 이유를 생각해보면 네이버는 검색을 경쟁력으로 강조하는 반면, daum은 사이트에서 제시하는 콘텐츠를 보고 링크를 따라 들어가는 구조가 강조되는 걸 알게 된다. 직접 찾아보는 사이트와 미리 알려주는 사이트의 차이다. 네이버는 사용자가 목적을 갖고 오지만 daum에서는 공개된 인기검색어를 바탕으로 사용자가 누리기만 하는 되는 구조라고 말할 수 있다.

더불어, daum에서는 첫 페이지 뉴스 영역 바로 아래에 이미지가 중심이 되는 영역을 넣어 daum 카페 이용자들을 배려하는 모습을 보이고 있고, 카페 유입자 트래픽을 몰아주면서 daum 사이트를 유지하게 하는 전략을 보인다.

생각하자면, 네이버는 이용자 스스로 검색을 하고 머무는 반면에 daum은 콘텐츠를 선보이며 사람들이 daum 사이트에 방문을 할 생각을 하도록 유도한다는 전략을 보게 된다.

그래서, 검색은 네이버에서 보고, 콘텐츠랑 미디어는 daum에서 보라는 방향성을 느끼게 되는 것도 사실이다. 이런 점을 감안하면 daum 블로그를 만들고 운영할 때도 daum이 하나의 미디어로써 신문과 방송처럼 인터넷 미디어의 역할을 고려하는 게 아닌가 짐작하게 된다.

내 daum 블로그는 그럼 미디어가 되어야 할까?

daum에서 블로그를 어떻게 구성하는 게 좋을까?

콘텐츠가 가득한 인터넷 미디어를 지향하는 것으로 보이는 daum에서 daum 블로그는 신문, 방송처럼 뉴스 기능을 많이 보여야 좋다. daum에서 블로그 글을 콘텐츠로 만들어주는 view 서비스를 적극 이용하면서 정보 위주의 블로그 운영보다는 세상 일에 대한 블로그 운영자의 관점을 나타내야 좋다.

바꿔 말하면, 콘텐츠를 올리고 이에 대한 홍보를 위해 daum 블로그를 운영할 때도 '이 콘텐츠 유명해요', '이 콘텐츠 좋아요!', 'daum 사용자 여러분 들어오셔서 이 콘텐츠 구매해 주세요!' 와 같은 형태는 맞지 않는다고 하겠다.

예를 들어, 추천할 만한 daum 블로그 운영 형태는 '블로그에서 주목할 만한 콘텐츠는?' 이거나 '콘텐츠 장터로서 전망이 좋다?' 라는 식이어야 한다. 강요된 홍보보다는 뉴스와 미디어 형태를 가지면서 daum 사용자들에게 블로그 운영자의 관점을 제시할 수 있는 미디어 블로그 형태가 되어야 한다는 의미다.

단순히 이래서 이렇게 되어야 한다가 아니라 이런 정보가 있는데 비교를 해보면 이런 점이 좋고, 미래를 생각해보면 저런 점이 기대된다는 식의 블로그 운영자로서의 관점이 들어가야 한다는 이야기다. daum의 미래가 블로그 운영자가 바라보는 관점을 기반으로 성장을 모색하고 있다는 느낌마저 들게 하지만 어쨌든 daum 블로그 운영에서는 미디어 역할이 중요한 부분이다.

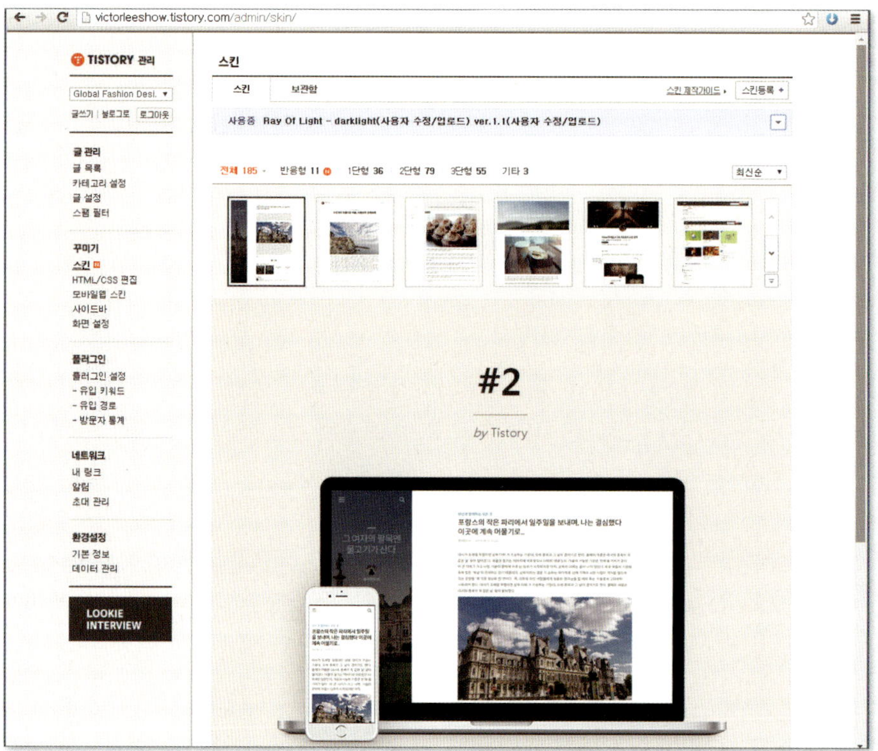

여기까지 알아본 바에 의해서, daum 블로그의 레이아웃은 미디어 형태처럼 유지하는 게 바람직하고 구조는 daum 블로그 관리에서 제안하는 [추천세트] 중에서 고르는 게 좋다. daum 사이트가 바라보는 미래에 대한 준비를 고려해 보면서 나만의 블로그를 daum에 만들어보는 게 필요하다. 전체적으로 daum 사용자들에게 익숙한 레이아웃이기도 할 것이고 낯설지 않은 환경을 제시하며 daum 사용자들이 블로그로 유입되는 상황을 기대하게 된다.

daum 블로그에서 메뉴 구성 노하우

daum 블로그 를 만들 때 메뉴 구성은 먼저 daum을 통해서 daum에서 표시하는 메뉴 구성을 참고하여 만들자.

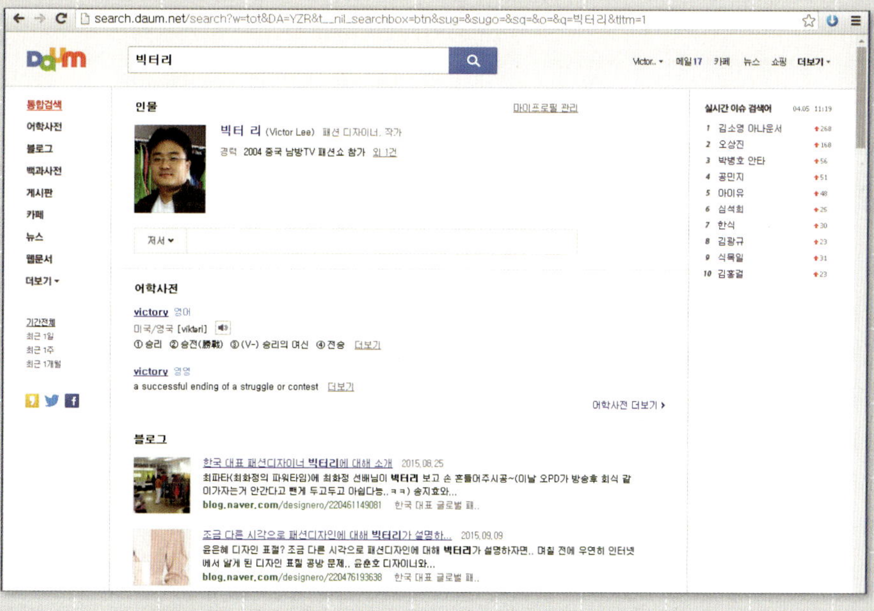

daum에서 '빅터리'를 검색해보자.

검색 결과가 나온다. 네이버처럼 daum에서도 블로그가 가장 위에 나오며, 사전, 게시글, 카페 글에 이어서 웹문서, 뮤직, 사이트, 지식, 뉴스, 소셜웹, 동영상, 이미지, 책, 쇼핑하우, 전문자료, 스마트폰 응용프로그램 순으로 나뉜다. 네이버에서 발견한 검색 결과보다는 많은 내용이며 각 메뉴 영역은 daum 이용자들이 선호하는 순서대로 배열된 것으로 짐작한다.

그리고, 검색 결과를 볼 때 daum에서는 소셜웹을 강조하며 모바일 분야에 집중하는 모습을 볼 수 있는데 스마트폰이 아니라 컴퓨터로 daum을 이용할 때도 소셜웹이나 스마트폰 응용프로그램 메뉴를 표시해주는 걸 볼 수 있으며, 검색 결과도 트위터(www.twitter.com)에서 사람들이 주고받는 검색어에 연관 결과를 보이고 있다는 게 특징이다.

정리하면, daum 블로그를 운영할 때는 미디어 형태를 갖추고 정보를 뉴스처럼 올리는 게 중요하며, 이에 대한 소셜미디어의 반응을 이끌어내는 게 중요하므로 이왕이면 트위터나 페이스북 등에서도 다뤄지는 화제어, 키워드 주제어 등을 섞어서 블로그 내용을 만드는 게 좋다는 생각을 하게 된다.

내 글이 daum을 거쳐 트위터 등에서 다른 사람들에게 한 번 더 노출된다는 점을 주의하면서 daum 블로그만 사용하는 게 아니라 daum 블록에 글을 올리면 동시에 여러 소셜미디어를 사용하는 것과 같다는 생각을 항상 염두에 둬야 한다.

이 점에서 보면 daum 블로그를 만들고 콘텐츠 홍보에 이용한다고 했을 경우 daum과 여러 소셜미디어에도 동시에 노출이 되므로 보다 많은 사람들에게 홍보효과를 기대해볼 수 있다.

그럼, 이번엔 daum view 메뉴를 보자. 아무래도 블로그 내용을 분류해서 daum에 보이는 곳이므로, 내가 블로그 내용을 작성할 때는 반드시 미리 살펴봐야할 부분이기도 하다. daum view 메뉴는 My view, 라이프, 문화연예, IT과학, 스포츠, 경제, 시사로 구성되고 각 항목에 세부 분야로 나뉜다.

이와 같은 구성 방식은 신문에서 라이프, 문화, 스포츠 등으로 구성되는 페이지 섹션에서 담당 기자들이 자신의 기사로 채우는 것과 비슷하다. 다만, 뉴스매체에서는 정해진 페이지와 카테고리가 분류된 반면에 daum에서는 블로그 운영자의 관점을 말하는 My View를 앞에 위치시킴으로써 블로그의 관점을 중요하게 여긴다는 전략을 강조하는 걸 알아야 한다. 역으로 말하면, 자기 관점이 없는 블로그 글 내용은 아무리 문장이 유려해도 daum의 콘셉트와는 약간

다룰 수 있다는 걸 의미한다.

daum 블로그를 운영해 볼까?

daum 블로그 운영을 할 때는 블로그 글 카테고리 중에서 나에게 어울리는 분야를 미리 지정하도록 한다. 콘텐츠가 '만화'라면 만화 영역이나 '책' 분야를 중심으로 하고, 영화나 소설이라면 '영화' 등의 분야를 집중하는 게 좋다.

그러나, 혹시 카카오페이지에 올린 게 내가 쓴 '소설'일 경우라면 daum 블로그를 운영할 때는 '소설', '책' 분야보다는 자신의 직업이나 전문분야를 택하기를 추천한다. 사람들은 무명작가의 글을 보고 놀랄 준비를 할 수 없으며 그러기엔 세상 자체가 하루가 멀다하고 놀랄 만한 뉴스를 쏟아내기에 그렇다. 그러므로, '내 소설 봐 주세요'가 아니라 자신에 대해서 관점을 드러낼 수 있는 분야를 택하고 전문분야인으로서 인지도를 먼저 얻는 게 중요하다. 그 다음에 사람들이 '나'를 '전문분야'로 대우해줄 때에 그 특성을 살려서 전문 분야와 연관된 '소설'을 쓰고 발표하는 게 좋다.

자신과 맞는 항목을 고르고, 블로그 메뉴를 여러 섹션으로 분류해서 그 곳에 세부 주제를 정해 최소한 3일에 한 번 이상은 글을 작성한다. 어떤 글도 좋지만 잊지 말아야 할 것은 자신의 관점이 반드시 들어가야 한다는 점이다.

daum에서는 미디어 daum이 나아가는 방향에 맞춰 블로거의 관점을 기술하는 게 필수적이다. 여기서 '필수'라고 하는 이유는 daum에 만든 내 블로그에 방문자가 더 많이 들어올 수 있다는 의미이다.

(4)

daum 사용자들의 특징을 알고 홍보하기

---

daum 블로그 운영자들은 view를 중요시 한다.

daum 블로그에서는 각자의 분야에 대해 아는 만큼 다른 이들과 토론을 벌이기도 한다. 네이버에서는 주로 고맙다거나 감사하다는 내용인데 daum 블로그에서는 당신 의견이 이런데 내 의견은 이렇다는 식의 토론이 이뤄진다. 이 과정을 통해서 daum 블로그 사용자들은 다른 사람의 글을 자기 블로그에 가져가서 의견을 다시 적거나 여러 가지 근거를 제시하기도 하면서 주장을 더 강조한다.

그럼 이게 무슨 효과일까? 결과적으로 daum 입장에선 트래픽이 늘어나고 페이지 뷰가 증가하며 관점을 확산시키는 효과를 준다. daum 블로그 사용자들에게는 자기 의사를 말하면서 마치 기자가 된 것처럼 '송고'를 한다는 만족감을 갖게 된다. daum에서 서비스하는 장점이 바로 이 부분이다.

daum 블로그 운영자들은 그래서 단순히 홍보만 하는 경우 블로그가 유지되기 힘들다. 반드시 자신의 전문 분야를 택하고(카카오페이지 홍보을 위한 블로그라고 해도 전문분야를 택하고) 해당 분야 내에서는 적극적으로 다른 이들과 소통하는 게 필요하다.

[주] 최근엔 오늘의 유머, 일간베스트, 디씨인사이드 등의 특정 커뮤니티 사이트에서 잉요자들이 모여 활동하며 자신과 다른 의견을 내세우거나 그들이 원하는 의견이 아니라 다른 의견을 말하는

상대에 대해 바이러스 공격 등을 비롯하여 덧글 폭언을 일삼기도 하는 모습이 자주 뉴스가 된다. 처음에 건전한 의사소통의 목적으로 시작된 덧글 소통 문화가 어느새 변질되어서 우르르 끼리끼리 모여 다니며 의견이 다른 상대방에 대한 인터넷폭력의 수단으로 되어버린 것 같아서 시급히 바로 잡아야할 상황이기도 하다.

블로그를 운영한다는 것은 취미, 홍보, 직업, 기록, 일기, 사진 보관 등의 여러 목적이 있을 수 있지만 공개된 글에 대한 여러 사람의 의견 소통은 바람직한 방향으로만 흘러야 한다는 게 필자의 생각이다.

따라서 daum 사용자들은 정보에 민감한 게 아니라 뉴스에 민감하고 나와 다른 의견을 가진 상대에 대해 민감하게 반응한다. 심지어 덧글 안에서도 옹호파와 반대파가 양분되어서 덧글로 자기들끼리 갑론을박을 펼치는 경우도 허다하게 많은 걸 볼 수 있다. daum 블로그를 운영하는 목적과 방향을 덧글 소통에서 찾는 건 아니지만 daum 사용자들의 특성을 이해하고 블로그 운영에 활용하도록 해야 한다.

daum 블로그 사용자들의 가장 큰 특징은 블로그 집중도다. daum 블로그 운영자들은 하루에도 여러 번 로그인하여 블로그를 관리하는 사람들이 많다. 정보를 올리고 나중에 그에 대한 반응이 나타나는 걸 보는 게 아니라, 자신의 의견을 올리고 그에 대한 반응을 시시각각 궁금해서 확인하는 형태라고 말할 수 있다.

콘텐츠에 대한 홍보 내용을 올렸다고 하자. 이 경우, 사람들의 관심을 받고 조회 수가 높아지기 위해서는 평이한 내용이 아니라 '관점'을 제시해야 한다는 전략이 떠오를 것이다.

가령, '콘텐츠 ○○을 올렸더니 사람들 반응이?'라는 질문형 내용도 무난하다. 또 다른 형태로 '콘텐츠 사용해봤더니?'라는 직접 체험형 내용이라면 다른 사람들에게 더 관심을 받을 수 있다. 만약 '콘텐츠 올리고 번 수익이 자그마치'와 같은 내용이라면 호기심도 유발하고 그 돈에 대해 궁금한 사람들의 큰 반응을 일으킬 것으로 생각된다.

여기서 어떤 블로그 내용이건 상관없다. 필자가 말하려는 것은 콘텐츠를 올리고 daum 블로그에서 홍보하려고 한다면 단순하게 '○○콘텐츠 많이 구경하세요!'라고 해서는 안 된다는 뜻이다.

daum 블로그에 방문자를 늘리는 노하우

daum 블로그에 방문자를 많이 오게 하는 방법은 간단하다. daum 블로그에서 글을 보는 사람들이 내 티스토리 블로그에 와서도 글을 읽는다. 이 과정은 실시간으로 진행된다. 블로그에서 사용자들이 내 글을 보고 추천하기도 하고 의견을 달아주기도 한다. 내 글 내용이 daum 검색 콘텐츠로서 적합하다면 daum 관리자들이 daum 검색 페이지 결과 영역에 노출시켜주기도 한다. 이럴 경우엔 내 블로그에 많은 트래픽이 발생한다. 수천 명에서 수만 명, 수십만 명에 이르는 방문자가 생긴다.

필자가 daum 블로그에서 글을 작성하고 이용해본 결과 daum 첫 페이지에 글이 올라가면 매시간 단위로 최소 수천 명에서 수만 명에 달하는 사람들이 내 블로그에 방문하는 걸 볼 수 있었다.

블로그에 올린 글은 다른 사람들이 자기 블로그에 퍼가기를 하고 이런 방식으로 재확산이 되는 걸 확인할 수 있다. 내 블로그 한 개가 아니라 여러 블로그로 퍼져나간 글을 볼 수 있다.

카페글

글로벌 문화토크 [빅터리 SHOW]에서 알려드립니다. ^^
3년전, 2009년 9월 25일
글로벌 문화토크 [빅터리 SHOW]에서 알려드립니다. ^^ 9월 26일 09:00 ~ 12:00 [빅터리 SHOW]에는 단재 신채호 선생님
의 맏며느님이신 '이덕남 여사님'이 출연하십니다. 항일운동가이시자 '조선상고사'를 집필하신 '단재 신채호...
cafe.daum.net/lsh19577/FyGD/47 국보문학

비정지훈의 헐리웃 영화 닌자 어쌔신의 옥에 티 [빅터리 영화팁]
2년전, 2010년 6월 5일
남자들끼리 보고 소감문만 전달해줘도 좋을 듯. 글 l 행복 패션브랜드 l 콩나물 l 디자이너 빅터 리 <> [빅터리 SHOW(www.vi
ctorleeshow.com <>)]에서 추천하는 도서입니다. <><><><> 컴퓨터 분야 종합 베스트셀러 daum ...
cafe.daum.net/XDHUB.COM/WOut/1226 러브N머니사랑 *^^*

김승우의 승승장구 강호동 이승기의 강심장 같이 보니 [빅터리쇼 방송팁]
2년전, 2010년 6월 2일
유이 우는 얼굴 보여줘서 편집 의도가 이상하면서도 기분 좋아짐. 총평을 정리하자면, 어제 유이의 눈물에 빅터리쇼 TV 보다
가 안구에 습기 참. 가희 언니 이야기에 자기가 펑펑 우는 모습은 뭔지....ㅠㅠ 어깨라도 다독여주고...
cafe.daum.net/foodmail/RVAZ/32267 푸드메일[인테리어,리폼,DIY,요리,맛집,결혼,임신,육아,친목]

가수 배호 미니 콘서트/빅터 리 쇼에서부탁으로 요기 올립니다.
3년전, 2009년 3월 22일
출수 : 60 Re: <빅터 리 쇼> '가수 배호 미니 콘서트'의 시간과 장소가 확정되었습니다.빅터 리 wrote: > > [빅터리 쇼] '가수
배호, 미니 콘서트' 의 일시와 장소가 결정되었습니다. > > 안녕하세요. 빅터리 쇼 진행자 빅터 리...
cafe.daum.net/baehofan/4tPa/240 배호팬클럽 배호기념사업회

펼쳐보기 ⌄ | 카페글 더보기 ›

글 내용에 기대를 하고 확산될 기회를 잡는 것 외에 다른 방법으로, 사람들이 관심을 많이 갖는 연예인 뉴스나 방송 프로그램에 대한 의견을 담아도 좋다.

앞서 이야기했지만 daum은 미디어의 기능이 중요하므로 단순 정보 전달보다는 블로그 운영자의 의견이 담긴 블로그의 글을 여러 곳에 노출시켜준다. 또한, TV방송 프로그램이나 연예인에 대한 글은 daum에서도 검색이 빈번하게 이뤄지는 키워드이기도 하므로 여러 사람들이 블로그 방문을 하게 되는 계기도 된다. 이런 글은 또 다른 daum 카페로, 블로그로 스크랩되어서 순식간에 여러 곳에 노출되는 기회도 얻는다.

가령, daum 첫 페이지에 나오는 실시간 검색어 가운데 TV 연예계 관련 내용들이 많은 걸 알 수 있는 것처럼 사람들이 관심 갖는 이야기는 스타들에 대한 이야기가 많다. 따라서, 인기검색어가 나오면 이를 본 daum 방문자들이 다시 클릭하게 되고, 그 관련 내용이 daum에서 블로그, 카페, 뉴스 등의 각 영역에 노출되면서 내 블로그에 방문자들이 늘어나는 효과를 얻는다.

(6)

daum 블로그에서 '구독하기'가 홍보에 미치는 영향

daum 블로그에 구독하기 기능이 있다. 네이버에 '이웃 추가' 기능과 비슷한 기능이며, 구독하기를 누르면 그 블로그의 새 글이 내 블로그에서 미리 지정한 메뉴 게시판에 자동으로 업데이트 된다. 관심 있는 블로그가 있다면 매번 방문하는 대신 블로그 글을 내 블로그에서 편하게 받아볼 수 있는 기능이다.

이 기능은 블로그 운영자 입장에선 다른 사용자에게 내 글을 매번 작성하는 동시에 보낼 수 있고, 상대방 블로그 운영자들은 자신의 블로그에서 편리하게 볼 수 있다. 글을 올리는 사용자나 받아보는 사용자이거나 블로그 글들을 서로 나누며 의견을 나눌 수 있다는 게 장점이다.

다만, 구독하기 기능을 사용하는 사람들이 주의를 기울여야 하는 부분이 있는데 바로 글의 제목을 신경 써야 한다. 구독하기의 특성상 블로그 운영자들은 여러 블로그에서 오는 글들이 많은데 그 수가 많을 경우 제목만 읽고 잊기 때문이다. 그래서, 블로그 구독하기를 사용하는 사람이나, 블로그 구독자에게 글을 보내는 사람이 모두 '제목'에 주의를 기울여야 한다. 보내는 사람은 다른 사용자에게 어필하는 제목을 적어야 하고, 받는 사람은 글의 제목만 보고 그 글을 선택해서 전체를 다 읽을 것인지 정해야 하기 때문이다.

생각해보자.

내 블로그에 온 사람들은 검색 결과로 왔든 아니면 daum 사이트에서 내 글 제목을 보고 온 것이든 간에 일단 블로그 글을 클릭하면 전체 글을 다 보게 되는데, 구독하기로 보는 사람들의 경우엔 그렇지 않다. 글의 제목들을 보고 그 중에서 골라서 글을 보게 된다.

그래서, 블로그 운영자 입장에서는 간혹 사람들이 글 제목만 보고 클릭하도록 만들어야 한다는 강박관념에 낚시성 제목을 달기도 하는데, 글 전체 내용에 본래 의미가 오해받게 되거나 처음 생각과 다른 의미 전달이 될 수도 있다는 부작용이 있다.

"그럼, 블로그 글 제목이 내용이랑 맞게 쓰면 되잖아요? 사람들 보기에 호기심 생기게 쓰지 말고요."

맞다. 하지만 이게 어려운 문제다. 글 내용을 직설적으로 적는다고 해도 제목에 모든 의미가 담기면 굳이 글을 클릭해서 보려고 할 사람이 없다. 글 제목이 궁금하도록 해야 글을 클릭해서 보게 된다. 그 경계선을 지키는 게 쉬운 일이 아니라는 의미다.

다시 말해서, 블로그 운영자들이 많아질수록 상대적으로 내가 운영하는 블로그에 방문자 수를 확보하기가 점점 더 어려워진다. 한번은 필자도 블로그에 글을 올리며 사람들 관심을 끌 만한 제목을 사용했던 기억이 있는데, 이 글 하나로만 조회한 사람 수가 35만 명을 넘었고, 이 글을 자기 블로그나 카페로 스크랩해서 가져간 사람들이 퍼뜨린 덕택에 필자의 블로그 방문자는 하루가 지나도록 여러 날 동안 계속 방문자 수가 큰 폭으로 상승했다.

이와 같이 '구독하기'기능은 글을 보내는 블로그 운영자나 글을 받아보는 다른 사용자 양쪽 모두에게 좋은 점과 부족한 점을 갖고 있다. 또한, 내 블로그 글은 다른 블로그 사용자들이 구독하기 기능으로 스크랩되기도 하고 이 결과는 검색 페이지에 그대로 노출된다. 필자가 블로그에 올린 글을 다른 사용자들이 블로그로, 카페로 퍼간 것을 확인할 수 있다.

여기서 분명한 것은 구독하기의 좋은 점을 사용하여 블로그 방문자 수를 더 늘리도록 다양한 내용의 좋은 글을 작성해야 한다는 점이다. 사람들이 호기심에 클릭하도록 유도하는 낚시성 글 제목을 담는 것이 내 블로그의 신뢰도를 유지할 순 없다.

블로그는 그 운영자가 신뢰를 쌓으면 어떤 내용을 이야기해도 홍보가 아닌 정보로 받아들여지지만 블로그 운영자가 신뢰를 잃으면 어떤 소리를 해도 홍보로 받아들여진다.

daum 블로그를 통해
홍보 효과 기대되는 인기 글 만들기

이번엔 daum 블로그에 글을 쓰고 인기 글이 되는 방법을 알아보자. daum 블로그를 운영하는 사람들은 대부분 daum 사이트 블로그 첫 페이지 영역에 자신의 글이 소개되기를 바라는데, 이는 다른 사람들에게 받는 관심인 동시에 다른 사람들과 의견을 나누면서 스스로 배우는 생각의 넓이와 깊이가 있어서이기도 하다. 블로그 방문자 수가 늘어나는 즐거움은 단연코 최고의 즐거움이다.

중요한 건 블로그 글의 품질로써 콘텐츠가 중요하다는 것이고, 이는 블로그 운영자들이 자기 블로그를 관리하면서 단순한 홍보용 목적 외에 정보미디어로서 꾸준히 가꿔나갈 생각을 먼저 해야 하는 게 중요하는 소리와 같다.

블로그에 방문자가 몇 명이나 늘고 그들이 남긴 댓글이 내 블로그 생활에 그다지 크게 중요한 게 아니라는 걸 알고 보면 블로그에서 방문자 수를 늘리려는 시도가 그렇게 큰 의미는 없게 될 것이다.

가령, daum 블로그 중에서 활발히 운영하는 블로그를 찾아서 구분해야 하고, 그런 블로그 중에서도 의사소통이 지혜롭고 자기 의사표현에서 지식을 갖춘 사람들이 운영하는 블로그로 다시 나눠야 하기 때문이다. 내 블로그 방문자 중에 소통이 잘 되는 블로그를 골라야한다는 말이다. 단순히 수치만 늘리려는 게 아니라 진짜 도움 되는 수치로서의 의미가 있다.

이를 위해선 daum 첫 화면 블로그 영역에 올라오는 블로그 글들을 세심하게 분석해 봐야 한다. 어떤 글들이 올라오며 어떤 글들이 많은 클릭을 받는지 살펴보고 내 블로그에 적용해야 한다. daum 블로그 서비스 담당자들의 글 선정기준을 알아보고 거기에 맞춰 글을 작성하는 것도 좋다. daum 블로그 담당자들은 정기적으로 팀이 변경되거나 이동을 하는데 블로그 서비스 책임자가 새로 오면서 약간의 변화, 가령, daum 콘텐츠의 배치와 글 선정기준 등을 조정하는 경우가 생긴다.

위에 daum 첫 페이지에 올라온 글들을 보며 주제어를 고르자면 그 대 그 때 사람들에게 주목 받는 시의성 높은 주제들이 많고 광복절처럼 각 시즌에 맞는 글 내용들이 첫 페이지를 장식하는 걸 알 수 있다.

한마디로 인기검색어와 daum 사용자들이 많이 본 콘텐츠에 대해서 블로그 운영자들의 자기 의견을 추가한 글들이 daum 첫 화면 블로그 영역에서 노출될 수 있는 가능성이 높은 것이다. 'daum미디어'의 이미지가 온라인 daum 사이트에서 여전히 존재하는 것으로 이해할 수 있으며 다른 사용자들 간의 의견을 나누는 소통을 리드하는 모습이 눈에 보이기 때문이기도 하다.

daum view 첫 페이지에 내 블로그 글을 올리자!!

daum이나 네이버에서 뉴스를 자세히 보고, 인기검색어를 보며 인터넷 사용자들이 관심갖는 주제에 대해 파악하도록 해야 한다. 시기적절한 글을 작성해서 올리면 '+정보'로 인식되어 검색결과 페이지나 사이트 여러 곳에 노출될 가능성이 높아지니 말이다.

[트위터 활용]

손바닥 안에서 홍보하라

세계에서 수억 명에 달하는 사용자를 보유한 트위터(www.twitter.com)는 유명인과 모르는 이들과도 친구가 되어 실시간으로 다른 나라 사람들과도 메시지를 주고 받는 대표적인 SNS 서비스다. 한국인 계정만 2012년 3월 기준으로 대략 600만 명 이상의 사용자를 확보하며 한국에서도 성공한 메시지 서비스로 자리 잡는 중이다.

사용자가 폭증하고 이른바 트위터 인기인들이 등장하기도 하면서 수백만 명의 팔로워(친구)를 보유한 사용자도 나타나고, 세계의 스타와도 인터넷 온라인을 통해서 연결되어 실시간 대화가 가능하게 해주는 서비스이기도 하다.

트위터의 인기는 2006년 그 시작부터 영향력을 발휘했다. 미니 블로그로 불리며 140글자 단문을 주고받는 서비스로 시작했는데 이전까진 현실 세계에선 가까이 하기엔 멀었던 유명인들과 온라인상에서나마 친구가 된다는 장점 하나로 세계인들을 매료시킨 인터넷 서비스가 되었다.

누가, 왜 시작했을까?

트위터는 여러 명의 인맥을 동시에 관리할 수 있다는 점이 장점이다. 나를 아는 사람은 물론이고 내가 모르는 사람들까지 나의 영향력 안에 둬야할 필요가 있는 사람들이 먼저 시작했으며, 그 사람들은 정치인과 유명인, 연예인을 비롯하여 학교 교수와 신인연기자는 물론이고 소비자를 상대해야 하는 대기업과 각 국 정부들조차 트위터 대열에 뛰어들었다.

바야흐로 트위터를 통한 팬덤 관리 시대가 가능해졌다.

그동안 트위터의 성장세에 위협으로 등장하는 장애가 없던 것은 아니었다. 인맥을 만들고 서로 의사소통을 하며 스타와 팬이 만나고, 정치인과 지지자가 만나며, 국민과 정부가 만나는 장소로 인기를 끌던 트위터에도 반정부 세력이 등장하면서 국가 안보에 위협이 될 소지도 생겼고, 트위터로 사람들이 몰리자 성인 사이트와 각종 장사를 하는 사람들이 모여서 갖가지 방법으로 트위터 팔로워를 모은 후에 본색을 드러내는 상술이 판치기도 했다. 실제로 이에 지쳐서 트위터를 그만둔 사람들도 증가했다.

그러나, 트위터의 장점은 역시 많은 사람들과 이야기할 수 있다는 점에서 대다수 이용자들이 그대로 사용하는 중이고, 트위터를 사용하면서 몰랐던 지식을 얻고 새로운 친구관계도 맺어가는 상황이 계속 이어지고 있다.

140글자로 이뤄지는 소통의 힘으로 급부상한 트위터의 매력은 무엇일까? 한국 사용자 수 1천만 명을 넘어서 세계인들이 수억 명이 사용하는 트위터에 대해 알아보고, 콘텐츠와 접목해서 홍보하기 위한 노하우를 배워보자.

트위터에서 홍보하기에
좋은 점과 부족한 점

트위터의 장점은 실시간 소통이다. 온라인을 바탕으로 문자 메시지를 나누지만 비용은 들지 않는 가격이 싼 도구다. 트위터에는 자신의 의견을 올리기도 하고, 팔로워(follower)와 팔로윙(following) 관계인 사용자들과 함께 어떤 주제를 정하고 이야기를 나누기도 한다.

트위터의 좋은 점은 실시간 뉴스다. 그것도 내 뉴스를 받아볼 사람이 지정되어 있는 1:여러 사람들과의 뉴스 수단이기도 하다. 그래서, 내가 한 말이 수십, 수백 수천 명 이상에게도 전해질 수 있다. 뉴스 전달의 속도와 파급력은 타의 추종을 불허할 정도로 빠르다.

트위터는 뉴스보다도 빠르다. 세계 각 지에서 벌어지는 현장 상황을 뉴스 기자가 아닌 일반인들이 직접 올린다. 정보 수정도 없고 가감도 없이 날것 그대로 올린다. 그래서, 트위터에선 기자들이 트위터를 취재하는 일도 벌어진다.

콘텐츠를 올리는 과정이나 올리고난 이후의 상태, 가격 변동, 구매자 수와 덧글반응 등에 대해서도 실시간으로 사람들에게 전달할 수 있다. 여론의 테두리 밖에 있던 사람들로선 여론형성에 참여할 수 있다는 영향력 참여가 큰 매력으로 다가설 수 있다.

트위터의 영향력과 파급력에 비해서 부족한 점이 있다면 거름장치가 없다는 점이 아쉽다. 워낙 날것 그대로 올라오다 보니 실제로 트위터에서는 오보가 나오기도 하고 부정확한 뉴스가 전해지고 여러 사람들이 이를 전달하면서 각종 촌극이 벌어지기도 했다. 오류와 오보의 속출은 트위터가 해결해야 할 장애가 되기도 한다.

뿐만 아니라, 누군가 한 사람이 수백만 명의 팔로워를 가졌을 때, 이를 통제하고 거스를 만한 장치가 없다. 누군가 이를 해킹해서 계정을 없앨 수도 있고, 계정을 상업적 용도로 전용할 수도 있다. 남의 계정을 내 것으로 만들기도 하며, 계정을 사고 파는 일도 빈번하게 벌어진다. 트위터 계정에서 장사를 하는 사람들도 등장하면서 여러 가지 스팸메일 같은 악영향이 생기곤 한다.

트위터의 부정확한 사용자 신분 허용에 대해서 범죄의 표적이 되기도 한다. 불법 사채업자들이 채무자를 찾기 위해 마치 가족이 실종신고를 내는 것처럼 트위터에 어느 사람의 사진을 올려 여러 사람에게 전달되고 보게 하는 일도 벌어지며, 화를내고 짜증내며 한 무심코 쓴 이야기가 여러 사람에게 가감 없이 전달되면서 경찰이 출동하고 경찰서에 신고가 빗발치듯 쏟아지기도 한다.

앙케이트 설문조사의 효과적인 수단이 되기도 한다. 가령, 100명을 대상으로 설문조사할 과제가 있는 학생이 트위터에서 자신의 팔로워 10명 정도에게 과제를 부탁한 일이 생겼는데, 단 며칠 만에 이 트윗이 퍼지고 퍼져서 10만 명이 넘는 사람들이 설문조사에 응답해준 일이 벌어졌다. 심지어 과제 제출이 끝난 이후에도 여전히 설문조사 앙케이트하라며 응답해주는 사람들이 계속 등장하고 있다고 한다.

이처럼 트위터는 실시간 뉴스 전달과 사람과 사람 사이의 관계망 형성에서 그 어느 매체보다도 촘촘하다. 친구의 친구를 소개하고 인맥을 맺는 게 아니라 불특정 다수와 인맥을 맺을 수 있다는 게 장점이기도 하고 단점으로도 작용한다. 무엇보다도 트위터에서 부족한 점은 자신의 신분을 감추는 불순한 의도의 사용자들이 문제인데 이를 해결하면 트위터의 신뢰도가 더욱 높아지리라 여긴다.

(2)

트위터에서 홍보하기에 좋은 레이아웃

트위터 는 프로필 사진으로 자신을 나타내고 다른 이들과 소통하는 메시지로 이뤄진다. 블로그 사용자들이 레이아웃과 스킨, 메뉴 추가, 로고, 사진 설정 등의 여러 가지 기능을 설정하는 동안 트위터 사용자는 계정을 만들고 로그인하면 모든 게 끝난다.

물론 트위터에서도 기본적인 스킨을 설정할 수 있다. 컴퓨터에서 트위터를 가입한 사람들이 사용할 경우 프로필 사진이나 배경 이미지, 바탕 이미지를 만들어서 사용하곤 했는데 모바일 스마트폰 사용자들이 다수가 되면서 이제 배경이미지나 다른 설정은 중요하지 않게 되었다. 오로지 자기 사진 하나만으로도 얼마든지 트위터 사용이 가능하다.

다만, 트위터에서 중요한 기능이 하나 있다. 프로필 설정인데 사용자들이 많아지면서 갖가지 이상한 사례들이 생기자 사람들은 이제 상대방의 프로필 계정을 먼저 확인한 후에 인맥 관계에 동의해주는 신중함을 갖기 시작했다.

신문 방송을 통해 전해지는 트위터 사용자들의 안 좋은 사례를 접하게 되면서 인맥형성에 부담을 갖는 사람들도 늘어난 게 사실이다. 모르는 사람과는 인맥관계를 맺지 않는 경우도 많아졌다. 오프라인에서 만나서 아는 사람들과 트위터에서 친구를 맺고 서로 동의해서 쪽지를 보내기도 한다. 대중에게 공개된 트위터지만 그 사이에서 가까운 인맥을 따로 형성하는 흐름이 생겼다.

이 경우, 그림 홍보 목적으로 가입하는 사람들에게는 어떤 아이디어가 필요할까? 프로필 란에 콘텐츠 발행자라고 적는 게 좋을까? 아니면, 개인 자격으로 가입하고 인맥을 맺어가면서 나중에 누가 직업을 물어보면 그제야 콘텐츠 발행자라고 알려주는 게 좋을까?

이에 대한 답으로, 트위터 초기에는 개인 자격으로 사진을 올리고 신분을 밝힌 후 140 글자 타임라인 안에는 콘텐츠에 대해 이야기를 올리도록 추천한다. 온라인 장터, 콘텐츠, 소설이나 만화, 140글자 이내의 짧은 소설도 좋다.

다만, 트위터 안에서 자신이 누구이고 어떤 일을 한다는 데만 치중하지는 말고 여러 가지 사람들의 다양한 이야기에 호응하고 맞장구치면서 사람들에게 가까이 다가가는 자세가 되어야 한다. 다 같은 트위터 사용자인데 하는 일만 콘텐츠 발행자가 되자.

다른 이에게 뭘 하라고 부탁하거나 물건을 사라고 말하거나 광고를 보라고 강요하는 건 실례가 된다. 그러나, 내가 하는 일을 궁금하다는 사람에게 내 일을 알려주는 건 배려가 된다.

트위터가 여러 사람에게 메시지 보내고 홍보하기에 좋다고 해서 트위터 사용자들이 내가 광고하기만을 기다리는 건 절대 아니다. 트위터에 있는 사람들은 트위터를 통해 사람을 만나고 대화를 하기 위해 머무는 사람들이다. 그래서, 그들과 친구가 되려면 우선 대화네 나서야 한다. 대화를 먼저 시작하고 나중에 그들과 친구가 되었을 때 콘텐츠에 대해 이야기하고 의견을 나눠도 좋다.

홍보란 구매를 기대하는 것만이 아니다. 홍보를 통해 내가 만든 콘텐츠에 대해 개선점을 들을 수 있고, 만들기 전에 사람들로부터 의견조사를 할 수도 있다. 억지로 다가서지 말고 자연스럽게 다가서야 한다. 콘텐츠를 만들려는데 이런 콘텐츠가 어떨지 물어볼 수 있다. 개인 블로그나 카페 이야기를 해주며 다른 이들의 설문을 받을 수도 있다. 콘텐츠가 점점 더 좋아지리라는 건 너무 분명하다.

(3)

트위터에서 홍보하기에
도움 되는 기능 활용하기

트위터는 간단하지 않다. 140글자 실시간 메시지 서비스라고만 하기엔 트위터 추가 기능을 알아야 한다. 똑같은 사용자인데도 누구는 팔로워 수가 수백 명, 수만 명이 넘고, 어떤 사람은 계속 두 자리 수 인원 이내의 팔로워 수에 만족해야 하는지 알아야 한다.

트위터에 RT 기능이 있다. RT(Retweet)는 내가 받은 메시지를 다른 이들에게 전달하는 방법이다.

가령, 내가 A의 메시지들을 내 계정으로 받았다고 할 때 내가 RT 기능을 누르면 나를 팔로윙하는 다른 사람들에게 A의 메시지가 전달된다. 트위터를 하는 A와 B는 서로 모르는 사이이지만 나를 통해서 B가 A를 알게 되고, A가 다시 B를 알게 되어 A와 B가 서로 관계를 만들 수 있다. 이렇게 되면 A, B 그리고 내가 서로 친구가 된다.

내게도 좋은 게 RT 기능이다. 예를 들어, A가 내 글을 D, E, F, G에게 RT했을 경우 D, E, F, G도 나의 존재가 알게 된다. 굳이 팔로윙, 팔로워가 아니더라도 RT 하나만으로도 내가 다른 이에게 소개되는 공간이 트위터다. RT 기능을 활용하면 내 트위터 계정을 팔로워하는 사람들이 많아진다.

- 팔로워(follower) : 따라오는 사람, 나로부터 메시지를 받는 사람
- 팔로윙(following) : 따라가는 사람, 상대의 메시지를 받겠다는 사람

b. 멘션 작성하고 보내볼까?

트위터 메시지를 '멘션(mention)'이라고 부른다. 다른 말로 '트윗한다'라고도 말한다. 트위터 사용자들 사이에서는 줄임말로 '트윗' 또는 '튓'이라고도 말한다. 다른 사람들에게 내가 받은 메시지를 전달한다는 의미인 ReTweet(리트윗:재전송)이라는 말 대신 줄여서 영어로 RT라고 쓰거나 그냥 한글로 '알티'또는 '알튀'라고도 쓰고, 내 메시지를 다른 사람들에게 전달해달라는 의미로써 '리트윗' 해달라는 부탁으로 '무한알티'라는 표현도 쓴다.

트위터 메시지를 보낸다는 건 누군가 다른 사람들과 소통한다는 걸 말한다. 트위터 계정을 만들면 다른 사람 글을 읽기도 하면서 내 계정에 글도 써야 하는데, 트위터에 글을 쓰는 일을 '멘션을 작성한다'라고 말한다.

"콘텐츠 홍보도 그럼 멘션을 작성하면 되나요?"

mention은 홍보성 글이면 안 좋다. 부정적인 이미지를 준다. 트위터 사용자들은 누군가 홍보 내용의 트윗을 쓰는 걸 보면 '저 사람은 장사하려고 왔구나' 단박에 안다. 그러므로, 멘션은 홍보 광고가 아니라 블로그에서 썼던 것처럼 '정보'가 되어야 한다. 트위터를 좋아하는 사람들에게 어울리는, 그들이 필요로 하는 정보가 되어 사람들에게 다가가야 한다.

c. 팔로워를 늘려 볼까?

트위터에서 어떻게 해야 팔로워가 늘어날까 알아보자.

트위터에서 팔로윙은 어렵지 않다. 트위터에서 내가 이야기를 듣고 싶은 상대를 찾아 트위터 기능 중에 팔로윙 버튼을 클릭만 하면 된다. 물론, 상대방은 나에 대해 알아보고 나서 '맞팔(팔로워 해온 상대를 나도 팔로워 하는 일)'을 할 것인지 생각하겠지만 그와는 상관없이 내가 팔로워 하는 순간 그 사람의 메시지를 내가 받는다.

물론, 그 사람이 내게 메시지를 주기 싫다면 그 사람 트위터에서 나를 블락(block) 처리하는데 내 계정이 블락처리가 되면 그 사람의 메시지들은 내가 받아볼 수 없다. 내가 팔로잉 했지만 맞팔은 아니더라도 블락 처리를 해버린 사람이라면 나도 팔로워를 할 필요가 있을까? 맞다. 나도 그 즉시 언팔(Unfollow)하게 된다. '팔로우를 하지 않겠다'는 뜻이다. 팔로잉을 해제하고 싶을 때 '언팔'을 하게 된다.

🔊 트위터에서 팔로워 숫자를 늘려보자

1 팔로잉 먼저, 팔로워는 나중에

팔로워를 만드는 방법은 내가 먼저 다가가서 선팔(먼저 팔로잉)을 하는 방법이 있다. 내가 팔로워하면 상대방도 내 계정에 팔로잉 하는 경우가 많다. 트위터에서 통용되는 무언의 예의와 같다.

다만, 인기인의 경우엔 팔로워 숫자가 기하급수적으로 늘어나기 때문에 그 인원이 너무 많아서 일일이 팔로워 해주기가 불가능하기도 한다. 하루에 1만 명이 늘어난다고 할 경우 일일이 팔로잉 해주는 데만 몇 날 몇 일이 걸릴 테니까 말이다.

2 RT하면서 팔로워 늘리기

트위터에서 팔로워 늘리는 방법으로 인기 계정의 글들을 RT하는 방법이 있다. 팔로워 수가 수 천 명을 넘어 수만 명도 넘는 사람들은 역으로 자신들의 팔로잉 계정은 수백 명 정도인 경우가 되는데, 인기인의 팔로잉 계정을 내가 일일이 팔로워를 맺고 이들로부터 오는 트윗을 RT하는 방법을 써보자. 내가 RT하는 도중에 이 트윗이 인기인 계정으로도 전달되고, 내 존재가 그들에게 알려진다.

어느 순간 인기 계정 사용자가 내 글을 RT해주거나 내게 메시지를 보내는 일이 생기는데, 이 순간 인기 계정을 팔로잉하는 수많은 계정 사용자들에게 내 존재가 알려지게 된다. 내 계정을 팔로잉하는 사람들이 늘어나는 순간이 된다.

가령, 유명인 계정을 사용하는 사람이 올린 메시지가 "잘 지내죠? @wksjdy @djsywt @ssw @dkfjwy @dksjhwww" 등으로 나올 때 이 글을 내가 RT하게 되면 내 계정과 그 글들이 고스란히 유명인이 메시지를 보냈던 @wksjdy @djsywt @ssw @dkfjwy @dksjhwww에게 전달된다. 이렇게 해서 내 글을 받아본 그들이 나를 팔로윙을 해주기도 한다.

d 트위터에서 좋은 글을 쓰면서 나를 알리기

트위터에는 글을 안 쓰는 사람들이 많다. 트위터에 트윗을 보면 팔로워가 많은 5% 이내의 사람들이 쓰는 글들이 대부분이다. 왜 그럴까? 그 이유는 용기가 없어서 그렇다. 귀찮은 게 아니라 남들에게 글을 보낼 용기가 없는 경우가 많다.

온라인이고 내가 드러나지 않는 곳이라고 하지만 낯선 사람들과의 메시지를 주고받는 것조차 두려워하는 사람들도 있고, 트위터에 대해 알기 전까지는 일단 사태를 지켜보며 마음을 진정시키겠다는 사람들도 많다.

따라서, 트위터 계정도 만들었고 다른 사람의 글도 RT하면서 사람들이 주고받는 메시지를 알게 되었다면 그 다음부턴 망설이지 말고 직접 좋은 글 쓰기를 시도해보자. 내 글을 보고 관심을 갖는 사람들이 하나 둘 등장하며 나를 팔로윙 하는 사람들도 늘어난다.

내 타임라인에 등장하는 사람들 계정을 하나씩 확인해보며 나와 어떤 관계인지 보는 것도 즐겁다. 일부 사람들은 나와 팔로윙이나 팔로워 관계가 아니지만 그렇더라도 메시지를 RT하면서 서로 메시지를 주고받을 수 있다는 것도 알게 된다. 트위터의 @______로 표시되는 사용자 구분이 마치 이메일처럼 서로에게 메시지를 전달할 수 있는 기능이다.

e 트위터에 콘텐츠 업로드 하면서 나를 알리기

트위터를 사용할 때 140글자 이내의 메시지 외에도 사진이나 동영상을 주고 받아도 된다. 트위터에 글자를 쓰는 것 외에도 사진이나 동영상을 첨부할 수 있는지 잘 모르는 사람들이 있는데, 어려운 건 아니다.

트위터에 메시지를 쓸 때 트위터 메뉴를 선택해서 콘텐츠 첨부 기능을 사용하면 된다. 콘텐츠를 첨부하는 방법도 유용하다. 필자가 왜 트위터를 이용하라고 했는지 이해될 것이다. 트위터에서 자유롭게 사진이나 동영상, 글을 활용할 수 있어서다.

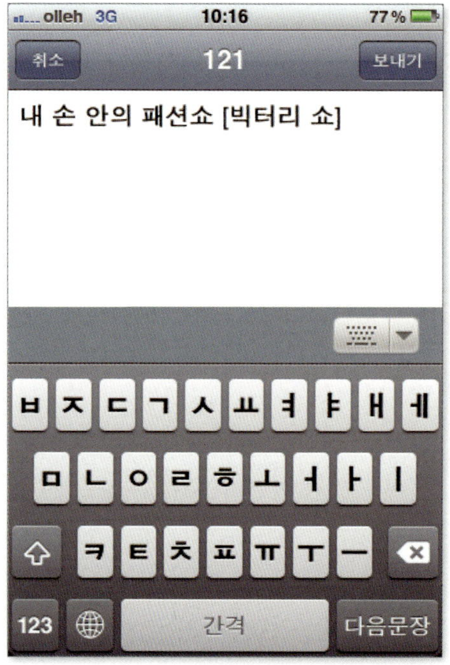

이 방법은 스마트폰에 저장된 사진을 첨부할 수도 있고 트윗을 작성하면서 스마트폰 카메라 사진을 촬영해서 첨부할 수도 있다. 페이스북(www.facebook.com)에 만든 내 계정과 연동해서 페이스북에 쓴 내용을 그대로 트위터에 가져올 수도 있다.

동영상을 첨부할 때는 동영상이 있는 인터넷 사이트 페이지 주소를 복사해서 트위터에 붙여넣기로 한다. 내 트윗을 받은 팔로워들이 주소를 클릭하면 내가 보여주려던 동영상을 볼 수 있게 된다.

"동영상 주소가 너무 긴데, 140글자는 넘어가면 안 올라가는 거 아니에요?"

걱정 없다. 모바일 스마트폰에서 트위터를 사용할 때는 긴 인터넷 주소를 자동으로 짧게 만들어주는 기능이 있어서 무수히 긴 인터넷주소도 트위터에서는 짧게 표시된다.

트위터에서 사용하는 해시태그에 대해 알아두자. 나와 내 팔로윙 계정들이 나누는 이야기 말고 다른 사람들이 무슨 이야기를 나누는지 궁금할 때 사용한다. 트위터에서 검색하려는 단어 앞에 '#'을 붙여서 단어를 입력하는데, 해당 단어를 사용하는 트위터 사용자들의 대화 목록을 모두 찾아서 보여준다.

가령, 트위터에서 검색 영역에서 검색하려는 단어만 입력하면 사소한 대화 속에서도 검색어에 연관된 대화를 모두 보여준다. 양도 엄청 많다.

그러나, 해시태그는 대화를 검색해서 찾아주는 게 아니라 대화주제를 검색해서 찾아준다. #연예인을 검색해보자.

트위터에서는 어떤 주제에 대해 메시지를 주고받을 때 #(해시태그)를 사용한다. #를 사용하는 검색어는 트위터 첫 페이지에서 세계 곳곳의 사용자들이 나누는 대화를 주제별로 구분해서 자동으로 보이기도 한다.

트위터 사용자들의 특징을 알고 홍보하기

트위터 에는 궁금증이 많은 사람들이 모인다. 낯선 누군가와 대화를 나누며 정보를 얻고자 하는 사람도 오고, 그저 트위터가 뭐기에 사람들이 사용하는지 궁금해서 오는 사람들도 있다. 하지만 역시 트위터에는 낯선 사람들을 많이 만나야 하는 사람들이 온다. 누군가와 끊임없이 만나야 하고 그들과 친해져야 하는 사람들을 말한다.

기업 CEO도 오고 연예인도 오며 가수나 연기자 영화배우들도 많이 온다. 팬클럽도 만들어지기도 하며 기업의 홍보담당자들이 트위터에 와서 상품 홍보도 하고 마케팅도 하느라 바쁘다. 사람들이 머무는 곳을 찾아가야 하는 직종에 있는 사람들이 트위터에 그래서 많다.

그런데 한 가지 재미있는 상황이 벌어진다. 낯선 곳에 와서 조용히 있는 사람들도 있지만 트위터에 와서 적극적으로 나를 알리고 홍보하는 사람들도 많다. 이들의 차이는 트위터에 올라온 글 개수로 알아볼 수 있는데 심지어 자기 프로필 사진도 올리지 않고 트위터 계정만 만들어둔 사람들도 많다.

이들의 반응은 이렇다. 사람들이 모인다기에 뭔가 재미있는 곳 같아서 왔지만 그다지 재미는 없는 것 같다고 느끼는 경우다. 연예인들 계정을 팔로잉하고 그들로부터 직접 메시지가 날아오는 걸 보면서 가슴 뛰는 흥분을 느꼈다는 사람들도 생기지만 얼마 지나지 않아서 그들은 연예인들로부터 듣는 메시지가 계속 즐거운 것은 아니라는 걸 알아챈다.

그렇게 처음엔 흥분과 새로움에 빠지지만 트위터 대화에 끼어들지 않는 한 누구에게도 더 이상 새롭지 않은 트위터이기에 많은 사람들이 계정만 만들어뒀다가 금세 잊어버리고 만다. 생업에 바쁘고 하는 일이 많아서이기도 하지만 낯선 누군가에게 떠들어댈 이야기도 없는 이유다. 얼굴도 모르고 사진 하나만 보고 누군지 상상하며 나누는 대화가 무슨 소용인지 부질없게 느끼기도 한다.

그런데, 트위터를 떠났던 사람들이 다시 트위터로 돌아오는 경우가 있다. 신문이나 방송에서 '요즘 트위터 사용자가 많습니다'라는 뉴스를 볼 때다. 대다수의 경우 트위터 본사의 홍보팀에서 저지르는(?) 마케팅이기도 한데, 알건 모르건 간에 트위터 계정을 기억해낸 사람들은 '그동안 변화가 생겼나?' 궁금증을 갖고 다시 트위터를 기웃거린다. 물론, 머지않아 그들은 다시 사라진다.

'그래도 아직도 뭐 별 거 없네.'

대다수 트위터 사용자들의 모습이 이렇다. 이런 사용자들 외엔 그룹과 팀으로 활동하는 트위터 애호가들이 있다. 끈끈한 트위터 모임이기도 한 이들은 어느 한 사람이 글을 올리면 다른 이들이 앞 다퉈가며 RT를 해준다. 실시간으로 인사를 나누고 이야깃거리를 계속 만들어댄다. 모임도 트위터로 얘기하고 모임 후기도 트위터에 남긴다.

"어버이 날인데 뭐 하세요?"라는 트윗이 전달 전달된다고 할 때, 트위터에 있는 이들은 은근히 압박을 받는다. 오늘은 사람들이 트위터에 카네이션 달아드리라고 하는 거 같은데 지난 해에도 나 혼자 일한다고 안 갔으니 올해 어버이 날엔 부모님 댁에 가야지 하는 사람들도 많이 생긴다.

트위터가 사람들 이동을 만든다.

트위터에서 나 혼자 노는 사람과 여럿이 같이 노는 사람들이 있는 것과 같다. 오프라인에서 사람들의 모습과 흡사하다. 혼자 노는 사람과 자기 일만 열심히 하는 사람과 여럿이 모여 노는 사람과 모여서 놀더라도 가만히 구경만 하는 사람 등, 그 모습이 같다.

리더가 있어서 모임 사람들의 스케줄을 얘기하면 따르는 사람들이 있는데 트위터에서도 누군가 얘기하면 다른 사람들이 따라하는 문화가 있다. 정해진 리더가 없지만 누구라도 리더가 되어 먼저 얘기하면 그 사람이 리더가 되는 형태다. 그래서, 트위터에서는 모두 평등한 의사소통이 가능하다고 얘기한다.

트위터 안에서 이뤄지는 집단지성 내지는 집단이끌림 현상이다.

나쁜 건 아니다. 트위터에서 모임을 갖더라도 이들은 실제 자주 만나지 않는다. 단순한 의사소통만 이루는 사람도 많다. 서울과 제주도에 살면서 전화비 안 들이고 낯선 사람들과 여럿이 하루 종일이라도 대화할 수 있다는 것에 중독이 된다. 새로운 지식도 알고, 남의 글이 RT 되면서 다시 등장하는 또 새로운 사람과의 만남을 즐기기도 한다.

하지만, 트위터에서는 거기까지다. 마치 블로그에 댓글로 소통하는 사람들이 댓글영역만 따로 가져와서 트위터라고 부르면서 그 안에서 댓글 주고받기를 하는 것처럼 느껴지기도 한다. 주거니 받거니 얘기하다가 하나둘 글이 안 올라오고 사라지는데, 그 담 날엔 어김없이 또 글이 나타나고 서로 인사하고 어울린다.

서로 얼굴 한 번 본 적 없는 사람들도 많지만 트위터 안에서는 서로 오랜 기간 사귄 친구들이 되고, 친척처럼 행동한다. 그렇게 살갑게 인사하기도 힘들겠다는 정도로 사람들 모임이 이뤄진다. 그러나, 이들의 헤어짐도 너무 간단하다.

"○○님, 계시나요?"

이 트윗을 보고 같이 어울리던 사람들이 RT를 하고 기다려보지만 끝내 그 ○○님의 글이 안 올라오면 각자 상상의 나래를 펴기도 한다. '그 님이 여행을 갔나 봐요'부터 '그 님은 바빠서 당분간 트윗 못하신데요'라던가 '회사 연수가서 인터넷 안 돼요'라던가 각자 상상을 그대로 얘기한다. 그럼 그 트윗 메시지를 전달받는 상대방들은 '그렇구나', '바빠서 부러운데?'라는 트윗을 올리며 그들만의 세상으로 다시 화기애애 하게 된다.

트위터 사용자들은 '순간'에 강하다. 끼어들 자리와 지켜볼 자리를 판단하고 자기가 이야기할 때가 오면 반드시 끼어들어 이야기한다. 그러다가 자기만족을 갖고 스마트폰 전원을 끄고 퇴장하기도 한다.

트위터 사용자들의 생활 모습이다.

(5)

내 글 RT해주는 사람들 만들어 홍보하기

트위터를 사용하면서 기분 좋은 순간은 내 글이 RT 되는 모습이다. 그래서 트위터를 사용하는 사람들은 어딘가에서 좋은 글 가져와서 인용하기를 즐기기도 한다.

유명한 글 인용하기보다도 더 많이 RT되는 글은 상대방 글에 답장 질문을 올리는 경우다. 내 질문에 상대방이 답변하기 어려우면 그 사람은 내 질문을 RT 해서 팔로워들에게 부탁하기도 한다. 트위터에 내 존재가 또 알려지는 기회가 된다.

그 결과, 질문을 올린 나는 적지 않은 사람들로부터 답변을 받는다. 간혹 일부 사용자들은 대놓고 팔로워 목표 인원 있다면서 도와달라고 한다. 트위터에서는 공감하는 사용자들이 많기에 기꺼이 RT를 해주게 된다.

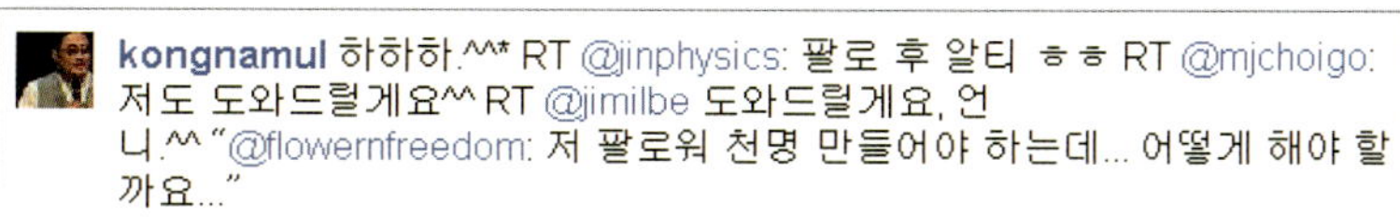

때로는 목표를 숨기지 말고 드러내는 것도 좋다.

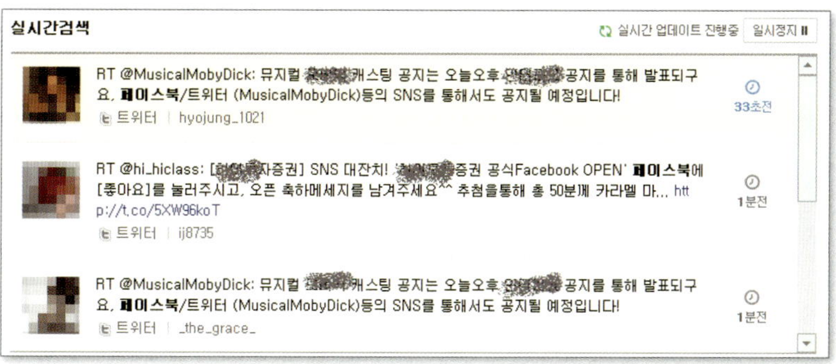

트위터에는 공연 이벤트나 상품 홍보 트윗이 많다. 이벤트 상품을 걸어서 사용자들로부터 RT를 유도한다. 가령, '콘텐츠 올렸으니까 구매하시는 분들은 인증샷을 트윗에 올려주시면 기념품 드려요'라는 트윗을 해도 된다는 얘기다.

하지만 실제로 이벤트 홍보에 성공하는 예는 극히 드물다. 트위터 초창기에는 자기 글을 쓰지 않는 사람들이 이벤트 홍보글이라도 열심히 RT를 해줬지만 어느 순간 자기 계정이 오로지 이벤트 홍보 글로만 가득 찬 걸 보고는 더 이상 하지 않는다.

트위터와 인터넷 사이트에서
동시에 홍보하기

트위터에 올린 글들이 인터넷과 연동되는 곳이 많아졌다. 예를 들어, 스마트폰에서 트위터를 사용하는 사람들인데 어느 순간 이들도 모르게 포털 사이트 트위터 영역에 이들의 글이 나타나는 정도다.

페이스북과 트위터가 제휴를 하면서 페이스북에서 쓴 글이 트위터에 올라가기도 하고, 트위터에서 쓴 글이 페이스북에 올라가기도 한다. daum에는 소셜영역이 생기면서 트위터나 페이스북 등의 SNS에 작성한 글이 연동되어 검색결과로 나타나기도 한다.

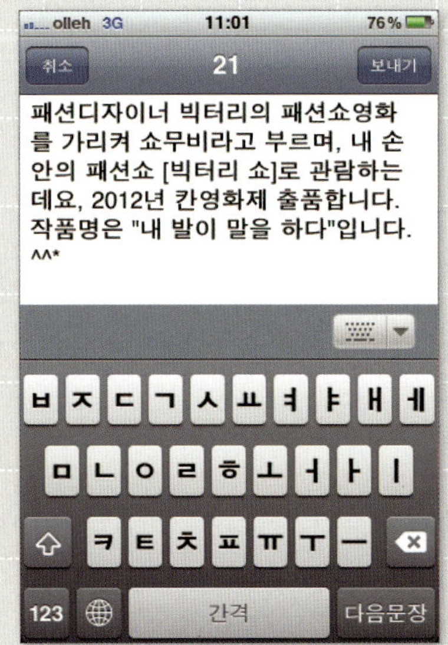

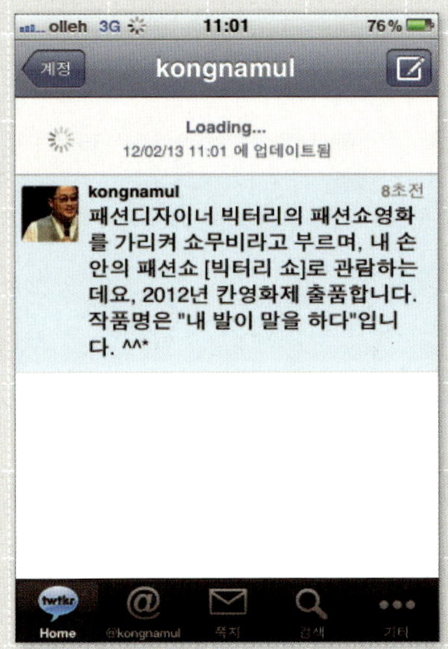

알아보는 방법은 간단하다. 자신의 스마트폰이나 테블릿PC에서 트위터에 글을 쓴다. 그리고, 잠시 후 daum이나 네이버에서 검색하면 된다. 네이버에 트위터 영역이 나타나면서 내가 쓴 글이 표시되었다.

daum엔 검색 결과에서 아래에 나오는데, 실시간 키워드일 경우 중간에 표시된다.

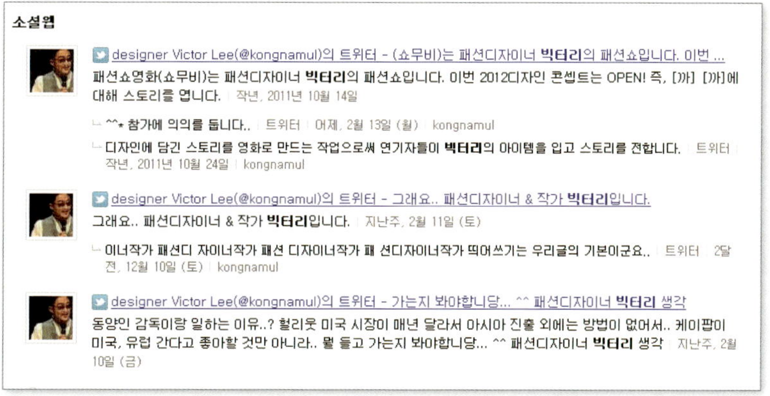

daum의 검색 결과에 나오게 하려면 트위터에 쓸 때 인기 검색어를 포함하는 게 방법이다. 물론, 너무 많이 동시에 올라오는 글들이 많으면 타임라인에서 빨리 사라진다. 트위터에 글을 올리고 인기검색어와 같이 쓴 글이 포털사이트에 표시되는 걸 보자.

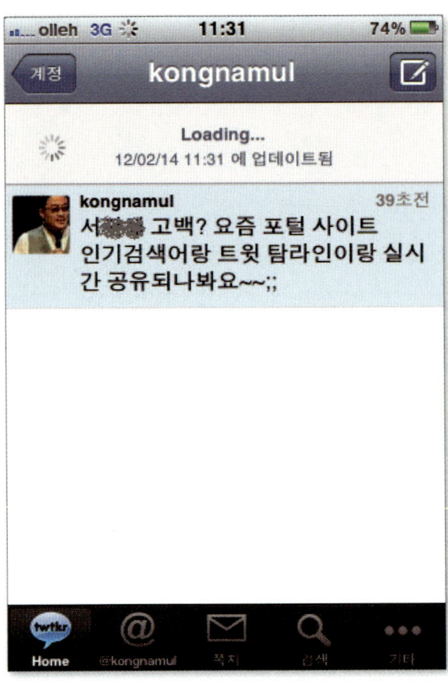
olleh 3G 11:31 74%
계정 kongnamul
Loading...
12/02/14 11:31 에 업데이트됨
kongnamul 39초전
서●● 고백? 요즘 포털 사이트 인기검색어랑 트윗 탐라인이랑 실시간 공유되나봐요~~;;
twtkr Home @kongnamul 쪽지 검색 기타

로그인 Daum 메일 카페 뉴스 쇼핑 더보기▾ Mobile
Daum 서●●고백 검색
남자들을 위한 공짜 명품 특집
통합검색 My소셜 이미지 동영상 뉴스 블로그 카페 실시간 소셜웹 웹문서 지식 게시판 사이트 더보기▾ 검색설정
출처선택 ⌃ 초기화
전체출처 트위터 요즘 미투데이 페이스북 플레이스 포스퀘어 ✕
소셜웹 1-10 / 총 41건
designer Victor Lee(@kongnamul)의 트위터 - 서●● 고백? 요즘 포털 사이트 인기검색어랑 트윗 ...
서●● 고백? 요즘 포털 사이트 인기검색어랑 트윗 탐라인이랑 실시간 공유되나봐요~~;; 49초전
실시간 이슈 검색어
1 서●● 고백 ▲120
2 경성대 수강신청 NEW
3 윤종신 강승윤 ▲102
4 이건희 소송 ▲999
5 임채원 최승경 ▲81
6 결턱시맵2 공개 ▲42
7 케이월 니가필요해 NEW
8 만치니 테베즈 ▲28

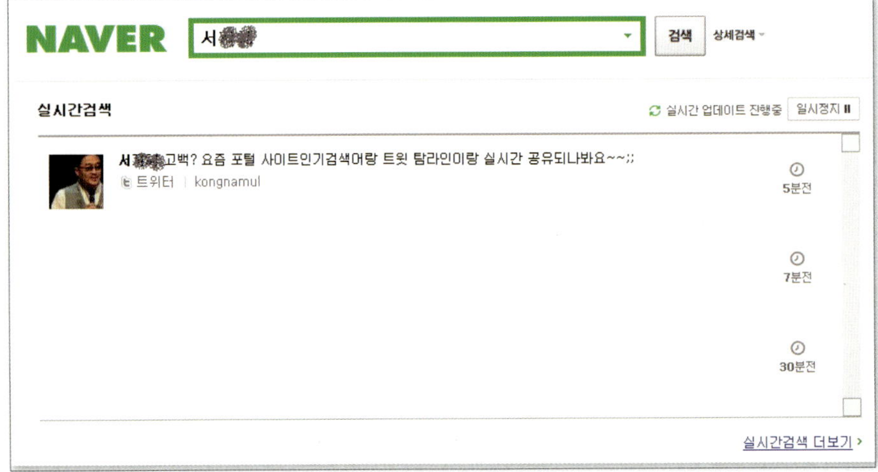
NAVER 서●● 검색 상세검색▾
실시간검색 실시간 업데이트 진행중 일시정지 ∥
서●●고백? 요즘 포털 사이트인기검색어랑 트윗 탐라인이랑 실시간 공유되나봐요~~;;
트위터 | kongnamul
5분전
7분전
30분전
실시간검색 더보기 ›

이런 효과를 얻는 방법은 어렵지 않다. 포털사이트에 보이는 인기검색어를 포함해서 트위터에서 글을 쓰면 그걸로 끝이다. 인기 키워드검색어가 올라온 포털사이트에도 실시간으로 검색 결과 페이지에 나타난다.

물론, 여기서 하나 더 아이디어를 추가해야 하는데, 인기 검색어를 써서 트윗을 올리되 자세한 추가 내용을 포함하는 방법이다. 스마트폰에서 트위터에 긴 문장을 쓸 경우 줄여서 표기되는 자동방식으로 일정 단어 이후에는 알파벳 링크 주소로 표기되고, 인기검색어를 찾아보던 사람들은 내 트위터를 클릭해서 그들이 모르는 뭔가를 더 찾으려고 들어온다.

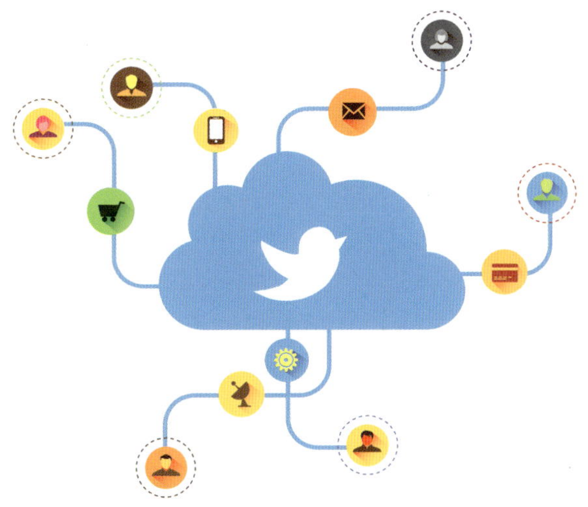

페이스북의 성장세가 두드러진다. 미국 하버드대학교 동창생들의 졸업앨범을 일컫는 단어였던 페이스북(face book)이 재학생이었던 '주커버그'라는 남자의 기획과 추진력으로 세계 굴지의 인맥연결 사이트로 성장했다는 건 도전의 결과를 아무도 예상할 수 없다는 걸 확인시켜준다.

하버드대학교를 졸업한 졸업생들이 사회에 나와서 서로 만나고 싶어도 만날 수 없었던 현실을 과감히 깨고 동창생과 졸업생 교우 관계를 인터넷에서 만나게 해주면서 급성장한 페이스북은 스텐포드대학교, 예일대학교, 듀크대학교 등 미국 명문대학교로 퍼져나갔고 그 이후엔 글로벌기업에 다니는 직장동료 인맥 서비스를 시작하면서 막강한 사이트로 거듭나게 되었다.

소셜네트워크를 이야기할 때 빼놓을 수 없는 존재가 된 페이스북을 활용하는 온라인마케팅을 알아보도록 하자.

VII

핵심 온라인마케팅_
인맥 안에서 홍보하라

[페이스북 활용]

페이스북에서 홍보하기에
좋은 점과 부족한 점

페이스북은 아는 사람을 온라인에서 만나는 끈끈한 관계 구성이 특징이다. 페이스북의 시작은 하버드대학교의 졸업앨범을 뜻하는 face book에서 인터넷을 통한 선배와 후배 연결을 시도했던 게 출발이었다. 페이스북 서비스가 생기기 전만하더라도 당시 하버드대학교에서는 졸업생 앨범을 비공개하는 게 전통이었는데 페이스북 창업자 마크 주커버그가 여기를 해킹해서 정보를 빼내고 선후배 사이의 매칭 서비스를 시작한 게 발단이 되었다.

이제는 세계 사람들에게 필요한 인맥 연결 다시찾기 서비스가 되어버린 페이스북은 하버드대학교 인맥에서 시작하고 미국 내에 다른 명문 대학교로 넓혀가며 지금은 세계 각지의 기업과 학교를 포함하여 확산되었다.

페이스북에는 아는 사람으로 연결되는 인맥 구조가 좋은 점이다. 트위터가 모르는 사람끼리 만나는 메시지 소통이라면 페이스북은 직장이나 학교, 가족, 친척 등 나와 이메일을 주고받은 적이 있는 사람과 연결되는 인맥연결 방식이다.

그래서 페이스북 계정에 내가 모르는 낯선 이가 친구로 등록되는 일은 거의 없으며, 다만 친구의 페이스북 계정을 통해 '좋아요'로 연결되어 내게 찾아오는 인맥 연결은 이뤄진다. 이 경우, 내 결정에 따라서 차단을 할 수 있고 메시지를 주고받지 않을 수도 있다.

얼굴을 아는 사람의 온라인 연결이 특징인 페이스북에서는 사진과 영상, 메시지를 통해서 인맥을 유지하는 게 좋은 점이다. 그들 사이에 이뤄지는 모든 메시지가 상품에 관한 것이든, 일이나 직업에 대한 것이든, 서로에게 나의 마음을 주고받을 수 있다는 점이 가장 좋다. 이를 통해 삭막할 수 있는 온라인에서 오프라인과 같은 감정을 공유하는 게 가능하다.

b 홍보하기에 부족한 점

페이스북의 부족한 점은 인맥 연결 방식에 있다. 페이스북은 이메일 교환을 해본 적 있는 사람들이나, 같은 학교, 고향, 취미로 묶인 인맥으로 구성된다. 바로 이 부분에 아쉬운 부분이 있다.

가령, 페이스북은 오프라인에선 그동안 연락처도 모르고 소식이 끊겼던 친구들과 온라인에서 다시 만나게 되는 즐거움도 있고 그에 따르는 감동이 크며 즐거움이 공존하는 서비스이며, A가 B를 찾고 B가 연락하던 C에게 A를 알려주며 C와 A가 페이스북에서 만나는 일이 가능했다. 이를 통해 친구들이 모이는 게 가능하다는 게 특징이다.

그러나, 어느덧 페이스북에게는 급격한 노화 현상이 큰 문제로 다가왔다. 페이스북에 새로 가입하는 청소년들 수가 줄어들고 있는데, 그 이유는 '신선하지 않아서'와 같은 점 때문이라고 했다. 특히, 만13세 미만의 어린 사용자들은 페이스북 사용을 금했는데 이 때문에 청소년들이 바라보는 페이스북의 구조는 '구식'이 되어버렸다고 했다.

예를 들어, 현재 만13세 사용자가 나이가 들어 페이스북을 바라볼 때는 굳이 페이스북에 가입할 필요를 느끼지 못한다는 점이다. 그들의 형이나 누나, 오빠나 언니가 모이던 페이스북은 더 이상 그들이 어울리기엔 나이든 사람들이 모이는 곳으로 생각되고, 오히려 만13세가 넘은 이들이 가는 곳은 페이스북보다 더 새로운 곳을 찾기 시작했다는 이유도 있다.

특히, 혼자 놀기가 가능한 스마트폰이 등장하고 세계에서 큰 인기를 얻으면서 친구를 찾을 필요가 없어지는 게 큰 이유도 된다. 페이스북 사용자들도 스마트폰에서 접속하는 사람들이 큰 폭으로 증가하면서 그동안 컴퓨터에서 로그인하던 사람들이 줄어드는 일도 생겼다.

페이스북이 빠르게 성장하던 시기가 2011년까지라면 2013년 이후부터는 더욱 많은 사람들이 사용하는 스마트폰과 태블릿PC를 통해 퍼스널 네트워크 서비스(PNS: Personal Network

Servie) 시장이 열리면서 페이스북의 성장세가 둔화되는 것과 같다.

또 다른 페이스북의 부족한 점은 '옛 인연을 다시 만날 때 걸러주는 장치가 없다'는 점이다. 우리 누구나 지난 인연을 가졌다면 그들 중에는 다시 만나고 싶지 않은 인연도 있기 마련이다. 바로 이때 페이스북을 사용하기 시작하면 기억하고 싶지 않은 인연에게도 내가 페이스북을 사용한다는 게 알려지면서 어느 날 갑자기 내 계정에 떡하니 나타날 수 있다는 상상하기 싫어지는 경우다.

페이스북에서 홍보하기에 좋은 레이아웃

페이스북 사용자 중 절반에 해당하는 수의 사람들은 스마트폰에서 이용한다. 이제 페이스북은 모바일 스마트폰 기기에 적응해야 하는 시대가 되었다. 다시 찾은 친구를 만나고 이야기를 나누기 위해 컴퓨터 앞에 앉는 사람들이 줄어들고, 이동하며 또는 회사나 거리에서, 식당에서도 스마트폰 하나로 페이스북 속의 친구와 일상 이야기를 주고 받는다는 뜻이다.

그래서, 페이스북도 컴퓨터에서 적합한 레이아웃 대신 스마트폰 환경에 어울리는 레이아웃이라는 옷을 입었다. 컴퓨터에서 모던한 구성과 색상은 그대로 가져가되 간결화된 메뉴와 기능을 모으면서 손바닥 안에서 만나는 사람들의 인맥 이어가기에 도움주고 나섰다.

모바일 스마트폰 환경에 적응하는 페이스북은 모바일 접속하고 자신의 페이스북 계정을 만들 수도 있다.

모바일 스마트폰에서 페이스북에 로그인 하면 최신 글이나 첫 화면이 표시된다.

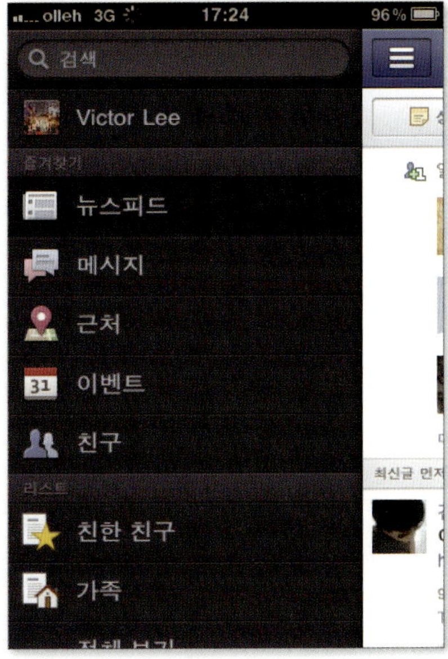

모바일 환경에서 사용하는 페이스북은 화면에 세 줄 표시 이미지를 누르면 메뉴가 나타나고, 페이스북의 레이아웃은 이와 같이 모바일로 옮겨오면서 남에게 보이기 위한 디자인이라거나 개성을 드러내는 배경이미지를 추가하거나 하는 일을 할 필요가 줄었다. 스마트폰 사용자에게 필요한 것은 소셜네트워크답게 간결하고 편리함을 갖추면 된다.

(3)

페이스북에서 홍보에 도움 되는 기능들

페이스북 의 기능을 활용해서 홍보에 사용하도록 해보자. 친구들 사이를 오가며 감정 공유의 매개체가 된 [좋아요] 기능을 포함하여 페이스북에 만드는 [페이지]와 [글 쓰기 창]에 글 쓰는 방법에 이어 콘텐츠를 올리는 방법을 알아보자.

a [좋아요] 기능으로 홍보하기

페이스북 사용자들에게 가장 유명한 [좋아요] 기능이다. 친구에게 자기 감정을 말하지 않아도 의사소통이 가능한 이 기능은 사진이나 동영상, 어떤 내용의 글을 보더라도 '좋아요' 한 번으로 서로에게 마음을 전달하는 구실을 했다. 친구가 좋아요를 누른 사진이나 영상, 글 내용은 고스란히 다른 친구들의 계정에 '글 쓰기 창'에도 전달되어 누가 어떻게 생각하는지 사람들의 기호도를 아는데 도움이 되었다.

가령, 페이스북 사용자가 누르는 [좋아요] 버튼은 콘텐츠 소개 글이나 사진, 영상에도 적용될 수 있다는 점이다. [좋아요]를 누르는 모든 사람들의 계정에 같은 내용이 표시되면서 친구들 사이에서 가장 빠른 감정 전달이 이뤄지기도 한다.

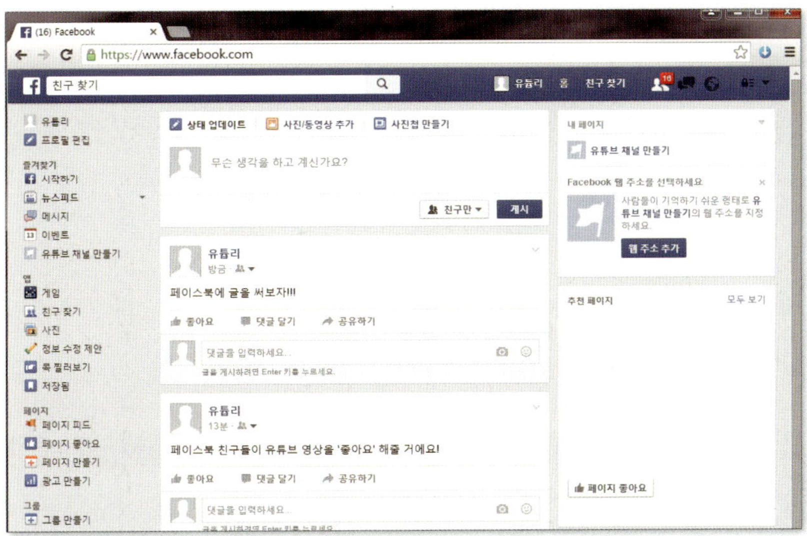

[좋아요] 기능이란 블로그에서 [즐겨찾기] 또는 [구독하기]와 같다. 이들처럼 처음에 사진이나 글, 영상을 올린 사람이 [좋아요] 버튼을 확인해보면 누가 좋아요를 공감했는지 계정 목록이 드러난다.

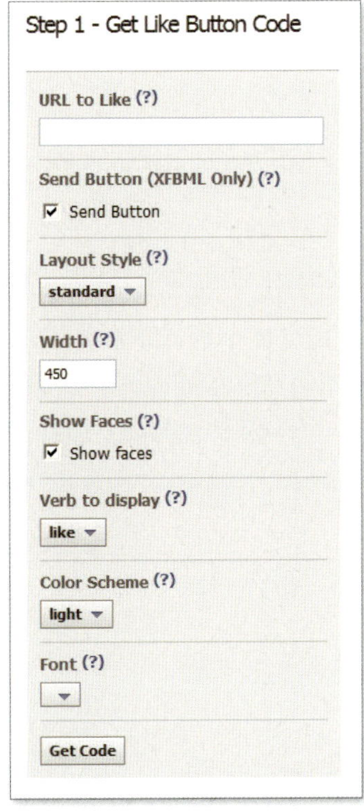

[좋아요] 버튼을 사용하면 사람들의 반응을 통해서 누가 어떤 평가를 내리는지 인기도를 사전 조사할 수도 있다. 콘텐츠를 올리기 전에 페이스북에 아이디어나 소개글을 올리고 사전 시장조사를 벌일 수도 있다.

블로그나 카페 등의 운영하는 사이트가 있다면 [좋아요] 버튼을 직접 설치할 수 있다. 좋아요 이미지의 형태를 정하고 [Get Code]를 누르면 퍼갈 수 있는 소스 코드가 나타난다. 이 소스코드를 복사해서 내가 좋아요 버튼을 붙이려는 곳에 넣는다.

예를 들어, 블로그나 카페에 콘텐츠를 올리고 그 아래에 '좋아요' 소스코드를 붙어 놓으면, 인터넷에서 우연히 발견한 사람이 좋아요 버튼을 눌러서 자기 페이스북으로 가져가는 게 가능해진다. 이를 통해 어느 곳에서 누가 좋아하는지 미리 알 수 있다.

출처: http://developers.facebook.com/docs/reference/plugins/like/

b. '페이지' 만들어서 홍보하기

페이스북에도 [페이지]가 있다. 페이스북 페이지는 페이스북 계정 사용자가 자신의 콘텐츠나 회사, 상품 등을 알리기 위해 만드는 페이스북 계정을 말한다. 이를테면 사람이 만드는 인맥 연결 계정이 아니라 상품을 좋아하는 사람들을 모을 수 있는 홍보 목적의 '계정'인 셈이다.

이를 통해 코카콜라 같은 글로벌기업도 페이스북에서 '페이지' 홍보를 하고 있으므로 내가 필요한 콘텐츠를 홍보하기 위해서도 얼마든지 이용해야 할 기능이다.

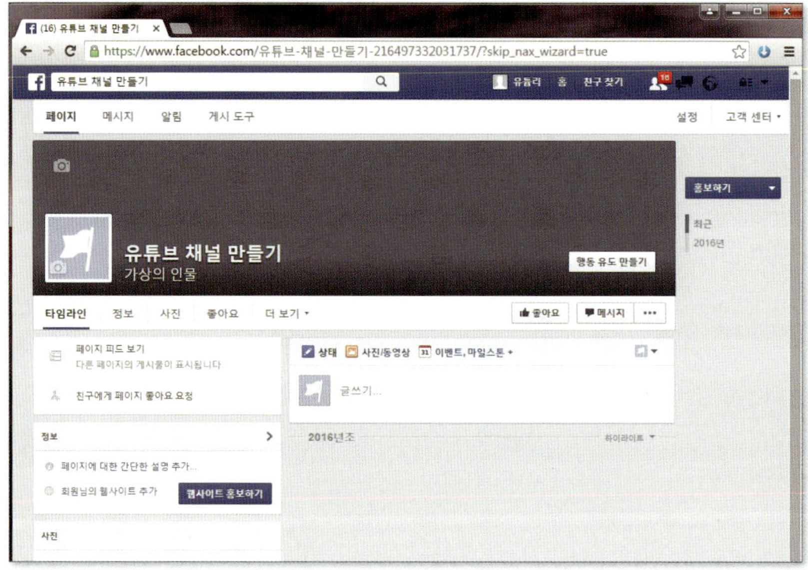

페이스북에서 만드는 페이지는 누구나 개설이 가능하다. 친구연결 페이지가 아니라 홍보용 페이스북 페이지라고 해도 독자적인 주소를 가질 수 있다. 하나의 사이트처럼 이용가능하다는 게 특징이다. 상품이나 콘텐츠를 홍보하기 위한 페이스북 '페이지'라고 해도 [좋아요] 버튼달기도 가능하고 마치 사람인 것처럼 가정하여 이 페이지를 좋아하는 친구들을 불러 모을 수도 있다.

c. '글 쓰기 창' 글 쓰며 홍보하기

페이스북 글 쓰기 창의 글은 트위터에 트윗과 같다. 내 계정에 글을 쓰면 다른 친구들 계정에도 표시가 된다.

[글 쓰기 창]은 "지금 무슨 생각을 하고 계신가요?"영역으로 여기에 글을 쓴다. 이 공간에는 친구들 글이나 [좋아요]를 누른 내용이 모두 나타나는데, 이들을 보가다 [좋아요 취소]를 누를 수도 있다.

d '콘텐츠' 업로드 하며 홍보하기

사진, 동영상 등의 콘텐츠를 업로드한다. 내 콘텐츠는 다른 사용자들과 [글 쓰기 창]에서 확인 가능하다. 여기에 콘텐츠 소개 일부를 올려도 좋다. 페이스북 친구들에게 소개가 된다.

올리는 방법도 간단하다. '사진/동영상'을 누른다. 해당 파일을 컴퓨터에서 업로드 하거나 컴퓨터에 연결된 웹캠이 있다면 그걸 사용해서 바로 촬영하여 올릴 수도 있다. 사진 콘텐츠는 페이스북에 '사진첩 만들기'로 별도 보관할 수 있다.

(4)

페이스북 사용자들의 특징을 알고 홍보하기

페이스북 사용자들은 '인맥 만들기'가 아니라 '인맥 찾기'와 '인맥 유지하기'를 위해 회원이 된다. 트위터나 다른 SNS에서 낯선 사람들과 만나는 것보다는 자신이 알던 사람들과 다시 교류하기를 원하는 사람들이다. 또는, 친구의 친구를 페이스북에서 만나게 되더라도 이왕이면 아는 사람을 통해서 누군가를 알게 되는 걸 택한다.

'알던 사람'과 온라인 교류와 친목도모가 목적이다. 이들의 페이스북 계정에는 트위터보다 훨씬 조용하고 일상생활에 관련된 소소한 추억과 사소한 대화들이 주류를 이룬다.

친구가 많은 사용자인 경우 자신의 페이스북 계정 페이지에 스폰서 광고를 올리고 친구들에게 소개되게 할 수 있다. 이를 통해 수익을 벌어들이는 사용자도 생긴다. 여기에 올리는 스폰서 광고는 그 사용자의 학교와 직업 등에 연결된 타겟 광고가 되는데 그 어느 광고보다도 더 효율적이라는 특성이 있다.

가령, 페이스북 사용자들 두 명이 똑같이 자기 계정에 스폰서광고 게재를 신청했다고 해도, 두 계정에 소개되는 광고는 사용자의 직업과 취향, 취미, 친구들 직업 관계 등 복합적인 면을 고려하기에 광고 내용이 달라진다는 뜻이다.

(5)

페이스북에서 내 친구 늘리고 홍보하기

페이스북 에서 친구 맺기는 사용하는 이메일 주소를 통해서 찾는다. 나랑 이메일 교류를 한 번이라도 했던 모든 사람들에게 내가 페이스북을 시작했다는 메일이 날아간다. 이를 통해 페이스북 메일을 받은 사람들이 내 페이스북 계정에 오면서 친구 추가를 하고 공유를 하게 되는 방식이다.

콘텐츠를 홍보하려는 페이스북 계정이나 페이지 계정도 마찬가지 방식으로 친구를 찾는다. 그러므로, 여기서 아이디어를 생각할 수 있는데, 예를 들어, 만드는 콘텐츠가 영어단어장이라면 그 콘텐츠 구매자들은 학생들이 주 대상이 될 것이므로 평소에 학생들과 교류하는 이메일이 있으면 그걸 사용하는 방식이다.

페이스북에 만든 영어단어장 콘텐츠 소개 계정을 본 사람들이 전혀 모르는 이들보다는 블로그에 들러 구매할 가능성이 더 큰 잠재적 소비자 그룹이 된다.

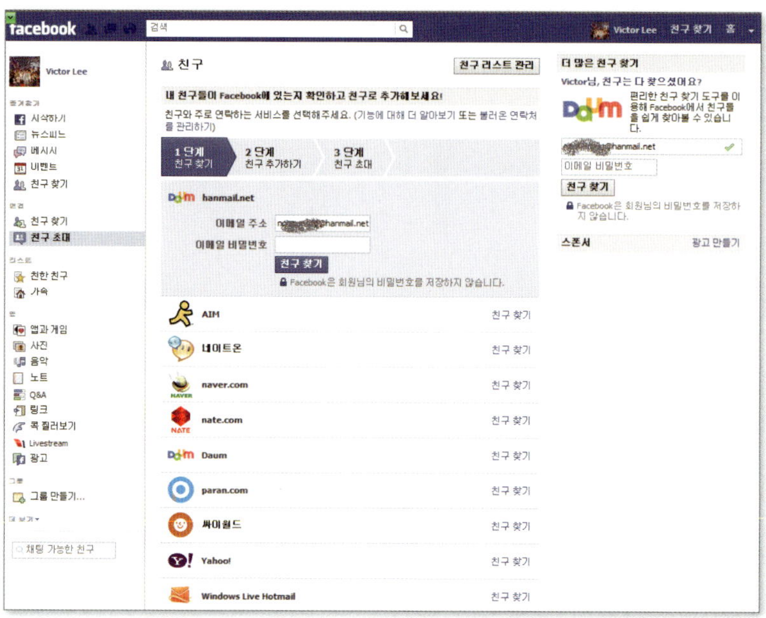

자주 사용하던 이메일이거나 예전에 쓰고 안 쓰던 이메일도 상관없다. 이메일 주소와 비밀번호를 입력하면 페이스북 로봇이 내 메일 계정에 들어가서 그동안 나와 이메일을 주고받았던 모든 이들의 메일 주소를 추려내고 이들에게 페이스북 계정 소식을 알려주게 된다.

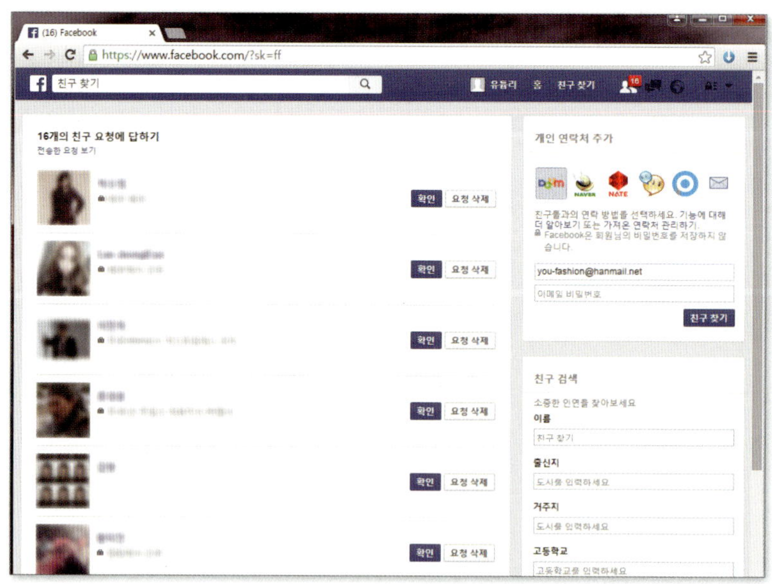

[친구 찾기]에서 이메일 주소로 추려지는 친구 목록을 보면서 친구를 추가하거나 초대를 한다. [친구 추가]는 나와 이메일을 나눈 사람으로 페이스북을 사용하는 사람 중에서 [친구 맺

기]하는 기능이며, [친구 초대]는 페이스북을 사용하지 않는 사람들에게 "페이스북으로 오세요"라는 초대 메일을 발송해준다.

이와 같은 방식으로 페이스북의 사용자가 필자를 [친구 찾기]로 추가하면서 [초대 메일]을 보낸 경우다. 필자에게 페이스북 사용자의 사진과 이름을 알려주며 페이스북에 오라고 초대한다. 페이스북에서는 이메일로 친구를 찾는 방법 외에도 직장이나 학교로 찾는 친구찾기 기능도 있다.

여기까지 페이스북에서 홍보하기에 대해 알아봤다. 내가 알던 사람들과 온라인에서 다시 만나며 교류를 이어가는 페이스북은 더없이 좋은 홍보 수단이 된다. 그러나 어느 기능이든 마찬가지지만, 콘텐츠를 홍보하기 위해 페이스북 계정을 만들면서 연락을 한다면 누구라도 좋은 감정으로 받아들이진 않는다. 그러므로, 사람과 사람으로 인연을 이어가면서 그동안 교류하지 못했던 대화를 나누는 게 1차적인 목표가 되어야 한다.

그리고 콘텐츠 홍보는 페이스북에 이에 대한 글을 쓰고 이야기하면서 서서히 알려가도 되는 부분이다. 페이스북을 통해 잊었던 친구들도 다시 만나고, 콘텐츠에 대한 의견을 들어보며 온라인 인연을 이어가도록 하자.

VIII

저품질 블로그에서 탈출하라!
_착한 블로그 마케팅, 착한 블로그 운영 노하우

착한 블로그 마케팅,
착한 블로그 운영 노하우

블로그 를 만들고 글도 올리며 운영하는데 내 생각만큼 방문자 수가 늘지도 않고, 내가 쓴 글이 검색결과에 노출되는 것 같지도 않다면 '뭐가 문제일까?' 고민이 된다. 남들만큼 하는 것 같은데 어째서 내 블로그 방문자 수는 고작 몇 명에서 몇 십 명만 들어오는 곳이 되었을까? 고민을 넘어 짜증나기 시작하는 순간이다. 잘 나간다는 블로그에 가 보더라도 내 블로그와 차이점이 별로 없는 것 같다면 이제 슬슬 분노가 치미는 단계가 된다.

이래 갖고선 IT 강국이라고 부를 수 있나? 이건 분명 음모가 있을 거야! 여기 포털사이트에서 블로그를 보는 안목이 없는 거야! 이건 분명 그들끼리 짜고 치는 게 분명해! 보나마나 아는 사람들이 선배 밀어주고 후배 밀어주면서 다른 사람들 블로그는 나 몰라라 내치는 걸 거야! 어디 내 블로그를 이렇게 홀대하고 잘 되나 보자! 내가 여기서 블로그 안 한다! 안 해! 차라리 영어블로그를 하든가, 외국 사이트에서 SNS나 할 거야! 내가 블로그 하나 만들어주려고 했더니 나를 몰라봐? 어디 나 같은 인재를 놓치고 잘 되나 보자!

이 지경에 이르면 사람들은 분노를 넘어 악담까지 내뱉는다. 모처럼 블로그를 만들면서 나도 어디 파워블로그 운영자가 되어보자고 꿈꾸던 게 부질없는 짓처럼 느껴지는 순간이다. 사실 따지고 보면 이런 생각을 갖는 사람치고 블로그 운영에 소홀히 한 사람도 별로 없다는 게 문제다.

블로그를 시작하면 무조건 3개월은 꾸준히 글을 올려야만 한다는 것쯤은 누구나 아는 사실일 테고, 사진과 동영상, 직접 작성한 글을 위주로 정성껏 글을 올렸을 테니 그들 나름의 투자 시간도 적지 않았던 상태였으니 말이다. 하지만 그들이 작성한 글이 검색결과 앞 페이지에 보이지 않고, 블로그 방문자 수가 몇 달째 그저 그런 수준이라면? 도대체 뭐가 문제일까?

당신의 블로그를 아무도 찾지 않는 어둠의 늪에 빠트린 건 블로그서비스 담당자의 실수가 아니었을 수 있다. 당신의 블로그는 어쩌면 '저품질 블로그'였을지 모른다.

'저품질 블로그'란?

글자 그대로 '품질이 낮은 블로그'라는 의미다.

블로그의 품질은 일반적인 상품들처럼 수준의 '높고', '낮음'이 있는데, 인터넷에서 흔히 볼 수 없는 알찬 정보와 자료로 운영되는 블로그는 '고품질 블로그'가 되는 것이고 그렇지 않은 블로그(사소한 잡담 같은 신변잡기, 일상 이야기 또는 다른 블로거의 글을 스크랩해서 모으는 블로그, 상품홍보에 치중하는 블로그 등)는 저품질 블로그가 된다.

'블로그에 무슨 품질이 있어? 말도 안 돼!'

아니다. 블로그엔 반드시 품질이 있다.

당신이 블로그에 무슨 품질 운운하냐고 따지는 건 '블로그'가 인터넷 사이트에서 운영하는 '상품'이란 걸 몰라서 하는 생각이다. 생각해보자. 인터넷 사이트는 콘텐츠(정보)를 통해서 방문자를 확보하고 방문자를 대상으로 쇼핑, 광고 등을 게시하면서 돈을 버는 기업이다. 그래서 차별화되는 정보를 담는 블로그는 방문자를 모이게 할 수 있는 질 좋은 콘텐츠로서도 인터넷 사이트 입장에선 매우 중요한 상품이 된다.

저품질 블로그가 되는 이유와 헤어나오는 방법에 대해 알아두자. 이 단락에선 전문가들에게나 필요한 어려운 기술(링크기술, 최적화, IP타입별 검색연동 등)적 이야기 대신 실제 블로거들이 이해할 수 있는 내용으로 설명했다.

✅ 저품질의 늪에 빠지다!
어떻게 해서 당신의 블로그는 저품질 블로그가 되었을까?

1 실검(실시간 검색) 순위에 빠지다!

블로그 방문자를 모으는 가장 좋은 방법은 실시간 검색어를 사용해서 제목이나 글 본문에 넣어 콘텐츠를 만드는 것이다. 실시간 검색어를 사용하면 사람들이 검색을 많이 하는 만큼 내 블로그에도 방문자가 늘어난다. 포털사이트에서 블로그를 검색결과로 노출하는 알고리즘(프로그램)에 따라 최근에 작성된 블로그일수록 검색결과 앞 페이지에 표시된다.

그런데 이때 문제가 생긴다. 포털사이트 블로그 서비스 담당자들도 검색해본다는 점이다. 그들 레이다망에 제대로 걸리는 순간 당신의 블로그는 저품질 블로그가 된다. 실시간 인기검색어를 사용하는 것까진 아이디어가 좋았으나 그에 맞는 내용을 제대로 갖추지 못했을 때 생기는 참사다! 최신순 정렬이나 기간, 영역 순으로 검색페이지를 설정해도 결과는 마찬가지다.

2 홍보블로그를 만들면서 지나치게 홍보에 치중한 경우다!

요즘엔 성형외과나 꽃배달가게, 음식점 등에서도 블로그를 운영한다. 예를 들어, 검색어가 '강남 성형외과'인 경우 검색결과에 표시되는 블로그들 중에는 대부분 돈을 받고 블로그를 운영하는 전문업체가 운영하는 곳이 많다는 의미다. 심지어 '강화도 맛집'이란 검색어를 입력해도 이미 누군가에 의해, 강화도에 음식점을 운영하는 사람과 돈을 주고받고 대리운영해주는 상업성 짙은 홍보블로그 글만 만나게 된다는 의미다. '맛집'인 줄 알고 찾아갔지만 '똥집'이었다는 느낌만 받고 오는 경우다.

그런데 이런 상황을 당신만 아는 게 아니다. 포털사이트 블로그 서비스 담당부서도 다 알고, 일반 네티즌들도 다 안다. 블로그의 품질을 가리는 프로그램에 의해서도 대부분 걸러지게 된다. 블로그를 홍보용으로 운영해도 안 된다는 법은 물론 없지만 많은 사람들에게 자주 노출되는 고품질 블로그 대접을 받기가 힘들다는 얘기가 된다.

3 블로그 방문자 수 올리는 프로그램을 사용하지 말자!

인터넷상에서 블로그 방문자 수를 조작해주는 프로그램들이 넘쳐난다. 한때 포털사이트에선 블로그 방문자 수를 기준으로 고품질 블로그와 저품질 블로그를 구분하면서 검색결과로 표시할 때 우선순위를 지정해주기도 했는데 이때 생겨난 프로그램들이다. 방문자 수가 많은 블로그에 올라온 글이라면 검색결과 앞으로, 심지어 첫 페이지에도 노출시켜주는 일도 있었다. 방문자 수가 많은 블로그에만 더 많은 방문자를 몰아주게 되는 일이 벌어졌다.

이런 일이 생긴 이유는, 포털 사이트에 수백만 개의 블로그에서 실시간으로 무수히 올라오는 글들을 일일이 검토하고 좋은 콘텐츠만 골라서 노출해 줄 수 없다보니 프로그램을 사용했기 때문인데, 이를 교묘히 이용하면서 블로그 방문자 수를 높여주는 프로그램들이 사람들 사이에서 거래되던 일들이 있었다.

물론 지금도 완전히 사라진 건 아니다. 일부 블로그 운영자들은 지금도 이런 프로그램을 사용해서 방문자 수를 조작하고 있으며, 아무 것도 모르는 사람들에게는 그들의 블로그가 인기 블로그인 것처럼 홍보하고 있다. 단, 포털 사이트에서도 이와 같은 상황을 모르는 게 아니기 때문에 방문자 수 조작 프로그램을 사용하는 블로그는 발각되는 대로 저품질 블로그로 설정하거나 해당 글들을 비공개로 강제 전환시키고 있는 중이다.

❹ 댓글 자동작성, 공감 자동추천, 자동 이웃신청 프로그램을 사용하지 말자!

방문자 수 조작프로그램 기능과 유사한 프로그램이다. 포털 사이트의 블로그 서비스에서 블로그들을 찾아다니며 특정 글들에 자동으로 댓글을 작성해주고 공감을 눌러주는 프로그램을 사용하지 않도록 한다. 이런 프로그램들은 댓글을 달아준 블로그 또는 공감을 눌러준 블로그를 보고 해당 블로그 운영자가 답방(내 블로그를 찾아준 블로그에 매너상 방문하여 주는 행동)을 하게 유도하는 방법인데, 이러한 사실을 모르는 그 사람들은 스팸문자에 답장해주는 식인지도 모르고 남의 블로그에 이리저리 다니며 방문자 수를 높여주게 된다.

이런 프로그램을 쓰지 말라는 이야기는 포털사이트에서도 이런 프로그램이 있다는 것을 알고 있기 때문에 이런 블로그 운영자 ID를 발각하는 대로 비공개로 차단하는 상황이기 때문이다.

또한, 자동 이웃신청 프로그램도 쓰지 말아야 한다. 어떤 블로그에 이웃이 많고 적음에 따라 블로그 품질을 판단할 수도 있는데, 자동 이웃신청 프로그램으로 이웃이 많은 블로그라면 어떤 광고주를 섭외할 때나, 또는 누군가에게 그 블로그가 인기 블로그라고 오인하게 해주기 때문이다. 포털사이트 블로그팀에게 발각되는 즉시 사용정지 당하는 건 물론이다.

저품질에서 탈출하자!
당신의 블로그가 검색결과 페이지에 보이기 시작한다!

① 블로그 글 제목은 정보 관련 글임을 표현하는 게 좋다.

실검 순위에 오른 인기검색어를 넣지 말라는 이야기는 아니다. 인기검색어를 쓸 경우 나만의 표현력으로 하나의 새로운 문장으로 만들어서 제목을 넣어주자. 예를 들어, 꽃배달에 대해 글을 올리고 싶을 땐 '꽃배달 값 싸고 잘하는 집' 이런 식보다는 '특별한 날이라서 여친에게 꽃배달을 시켜줬더니 나온 반응' 등의 문장으로 가공하자는 얘기다.

② 블로그 글 내용에는 '공감'이나 '추천' 해달라는 요구를 적지 않는다!

의외로 그런 사람들이 많다. 어떤 글을 올려두고 내 글이 좋으면 '추천' 또는 '공감' 해달라며 대놓고 요구하는 식이다. 블로그 방문자들과 친숙해지기 위한 아이디어였을진 모르지만 블로그 품질을 가리는 프로그램이나 사이트 직원이 보기엔 제대로 된 블로그가 아니다.

좋은 글을 보고 방문자들이 자발적으로 공감, 추천을 눌러주는 블로그여야 하는데, 블로거 요구에 의해 추천, 공감이 이뤄지는 블로그가 된다면 정보의 품질을 제대로 구분할 수 없지 않는가? 사이트의 존폐에 영향을 끼칠 수 있을 정도로 위험한 상황이 닥칠 수도 있다. 어떤 사이트에 블로그 운영자들이 툭하면 어떤 사진이나 글 올려두면서 공감 눌러 달라, 추천 눌러달라고 하는데 그 사이트가 온전히 버텨낼 수 있을까? 사이트 입장에선 그런 블로그를 빨리 찾아내서 감추는 게 시급해진다.

③ 스크랩 또는 퍼오기로 블로그를 운영하지 말자!

저품질 블로그의 늪에 빠지면 짧게는 일주일, 길게는 몇 달에도 헤어 나오지 못한다. 블로그를 운영한다고 하는데 방문자들이 늘지 않는 경우다. 포털 사이트에서 사람들의 검색결과로 제대로 표시되지 않아서다. 이럴 땐 작은 사진이나 글 또는 일기라도 내가 직접 스스로 쓰는 게 중요하다. 워드 프로그램에서 글을 작성해서 복사하기로 붙여 넣는 방법도 가능하다. 중요한 건 내가 직접 쓴 글인지 아니면 남의 글을 가져온 것인지에 달려 있다.

나오며

돈 안 쓰는 '핵심 블로그 마케팅' 노하우

쇼핑몰 운영자들은 쇼핑몰을 시작하면서 가장 큰 문제점으로 '홍보'를 꼽는다. 그러나, 앞서 키워드광고 또는 여러 홍보방법을 써보지만 뚜렷한 성과를 얻지 못하는 상황에서 대다수 사람들이 적게는 수백만 원에서 많게는 몇 천만 원을 갖고 시작한 쇼핑몰 사업을 중도에 포기하게 된다.

단순히 쇼핑몰 사업만 그만두게 된다면야 자율 경쟁 사회에서 어쩔 수 없다고 하겠지만 쇼핑몰사업을 그만두게 되는 이유가 '온라인 광고비 부족' 때문이라면 사정이 달라진다. 온라인 쇼핑몰은 크게 독립형 쇼핑몰과 입점형 쇼핑몰로 나누게 되는데, 독립형 쇼핑몰이란 오픈마켓이나 종합쇼핑몰에 입점하지 않고 스스로 쇼핑몰을 운영하면서 자기에게 맞는 가격 정책과 상품만을 취급하는 방식이다.

이에 대해, 독립형 쇼핑몰 업계에서 수위를 유지하는 쇼핑몰 사업자들 및 관련 기업에게 확인한 결과, 이 분야 총 쇼핑몰 수는 10만 여개에 달하지만 정작 수익을 내는 쇼핑몰은 상위 1~10% 정도 수준이다.

또한, 그나마 성공했다는 쇼핑몰들은 상위 200개 정도라고 하니, 10만개 쇼핑몰 가운데 200개 쇼핑몰만 수익을 잘 낸다는 결과라면 어디에 문제가 있는지 짚어봐야 된다는 의무감마저 들었는데, 살펴본 결과, 모든 쇼핑몰은 홍보에 문제가 있었다. 홍보비가 너무 많이 든다는 점이었다.

1995년부터 인터파크, 롯데닷컴으로부터 시작된 인터넷쇼핑몰 사업은 10조원 규모대의 시장으로 성장했고, 온라인쇼핑몰 한 곳의 매출이 연 3조원대에 오르면서 기염을 토했지만, 2007년 이후로 국내 의류 경기 사정은 하락세로 반전, 급격한 매출 하락과 부도, 폐업 의류 브랜드가 속출했다.

물론, 전혀 사실이 아닌 건 아니다. 백화점 위주로 전개하던 국내 30년 이상된 의류 브랜드가 부도를 당했고, 2008년 11월, 12월은 의류 기업으로서 눈물의 고별전으로 불리는 뜻하지 않은 폐업 처리 행사가 연이어 계획되고, 또한, 지금도 진행 중이다.

사업은 크게 5가지 시스템을 거친다. 이 단계를 알면 쇼핑몰이 나아가야할 길을 예측할 수 있다. 단계별 사업 경영방향이 있다.

그 과정을 살펴보면, 사업 태동기에는 싼 옷, 보세옷 류의 생활밀착형 옷이 잘 팔리듯 생활용품이 필요하다. 1단계인 셈이다. 1970년대 우리나라 산업계가 그렇다. 생활필수품이 잘 팔렸고, 이 시기에 우리에겐 패션브랜드, 유명 해외 브랜드란 극소수의 부유층을 빼곤 인정받지 못했다.

2단계에 접어들면서 소비자들은 브랜드를 구매하기 원하는데, 고가의 브랜드가 아닌, 중저가의 브랜드 시장이 등장한다. 저가형 생활의류 대신 외출과 나들이용 브랜드 의류가 소비자의 시선을 붙잡기 때문이다. 1980년대 젊은이 거리 중심으로 중저가 브랜드 상품 시장이 급성장 했다.

3단계에 들어서 소비자들은 모임 참석용 상품, 즉 디자인이 예쁜 상품을 찾는다. 일 하느라 바쁜 시기에 생활밀착형 옷으로 견디고, 외출과 나들이를 하기 시작하면서 낯선 사람들에게 주눅들지 않기 위한 브랜드 의류가 인기를 끌었지만, 저마다 대부분의 사람들이 중저가 브랜드 의류를 맞추다보니 같은 옷을 입은 사람들도 많아지고, 여기서 다시 차별화가 필요해지면서 디자인이 독특한 예쁜 옷이 잘 팔리기 시작한다. 1990년대는 국내 디자인 상품 관련 산업의 중흥기였다.

이때 동대문시장도 활성화 되었고, 다양한 디자인의 한국산 의류가 아시아 시장을 강타했다.

4단계에 접어들면서 소비자들은 명품 시장에 눈독을 들이게 된다. 돈을 번 사람들 가운데 상류를 지향하는 신흥부유층을 중심으로 남들과 다른, 해외 브랜드를 찾게 되고, 해외 여행 시 눈독을 들인 브랜드가 한국에 들어오자마자 쇼핑에 나선다. 명품 열풍이 그렇다.

쇼핑 산업 종사자들은 모든 사업의 쇠퇴기가 바로 소비자들이 명품을 찾기 시작하면서부터라고 인식한다. 우리나라의 경우 명품 열풍이 거세게 불기 시작한 2005년경부터 이미 의류산업도 쇠퇴기에 접어들었던 것이다. 2000년대에 이르러 명품, 해외 구매대행 상품, 고급 브랜드 시장이 형성되었다.

5단계에 접어들면, 상품에 대해 정보와 지식으로 무장한 소비자들이 저마다 쇼핑 스타일링에 나선다. 편안한 쇼핑이 가능한 인터넷쇼핑의 중흥기이다. 패션잡지 및 TV 속에서 연예인을 따라하거나 외국 트렌드를 찾아 인터넷 검색을 하며 자기 이미지 연출을 위한 쇼핑을 하는 것이다.

소비자들은 이 단계에서 잠깐 스타 따라하기 같은 모방 스타일링도 하지만, 시간이 흐를수록 자기에게 맞는 아이템을 자기가 직접 연출한다.

그리고, 2007~8년경, 2010년대를 앞둔 시점에 이르러 패션트렌더를 자칭하는 소비자들은 저마다 단골 매장과 호흡하며 생활한다. 대동소이한 디자인에 높은 가격, 불편한 쇼핑방식에 소비자들은 이내 발걸음을 돌리게 되는 시기이다.

그렇다면, 앞으로 인터넷쇼핑몰 산업은 색다른 구조로 중흥기를 이어갈 것이 확실시 된다. 이미 레드오션에 들어온 인터넷쇼핑몰 산업에서 업계 사람들은 '자본 경쟁'이라고 입을 모은다. 과연 그런가? 그렇다면, 자본이 없는 사람들은 인터넷쇼핑몰 사업을 하지 말아야 할까?

역으로 생각해보면, '자본이 많이 드는 경쟁 구조'라는 건, 상대방이 자본을 다 쓰고 나가떨어지게 만들면 그만큼 내게 기회가 더 온다는 생각이 가능하다. 지금 당장 상대방이 돈이 많아서 비싼 인터넷광고를 계속 한다면 그에 대해 나는 '돈 안 드는 인터넷광고'를 하면 된다.

쇼핑몰 사업을 하는 두 사람이 있다고 가정 하고, 한 사람은 1억 원의 자본이 있고, 다른 사람은 1천 만 원이 자본이 있다고 생각해보자. 이 두 사람의 성공 가능성은 사업자금의 규모에 딸린 것일까? 고개를 가로 젓는 사람들이 많을 것이다. 그렇다면 뭐가 문제일까?

쇼핑몰 사업의 성공 가능성은 오로지 '상품'에 달려있고, 그 외에 부가적으로 '홍보'에 달려 있다는 걸 알기 때문이다. 상품만 좋으면 잘 팔릴 것이란 기대는 아무나 하지만 실제론 어디 그런가? 아무리 상품이 좋아도 소비자가 모르면 안 팔린다.

결국 홍보가 중요하다는 결론에 이른다. 그렇다면, 1억 원을 가진 사람은 홍보를 잘하고, 1천만 원 가진 사람은 홍보를 못할까? 이 질문에 여전히 고개를 가로젓는 사람이 많을 것이다. 다만, 돈이 많으면 그만큼 홍보할 여력이 되기 때문에 오래 버틸 수 있다는 점이 장점일 뿐이다. 이 책은 적은 자본으로 창업하는 사람들을 위한 책이다. 쇼핑몰 사업을 비롯하여 자영업 및 개인사업을 창업하는 90%의 사람들은 적은 자본으로 시작하는데, 적은 자본으로 시작한 사업에서 많은 돈 투자 없이 키워드광고비를 안 쓰고도 내 사업을 홍보하는 전략노하우를 소개했다.

이 책 '저품질 블로그에서 탈출하기—핵심 블로그 마케팅'은 파워블로거 출신 필자가 블로그 마케팅에서 골라 모은 핵심 내용을 담은 것이다. 그리고 최신 트렌드에 맞춰 블로그와 페이스북, 트위터 등의 SNS를 활용하는 전략은 덤이다.

할 일 많고 일손 부족한 사업 초창기일수록 온라인 마케팅을 빼놓을 수는 없다. 그렇다고 많은 시간을 투자할 여력이 없는 경우가 대부분이다. 어떻게 할까? 그럴 때는 SNS와 블로그 마케팅에서 반드시 사용해야 하는 핵심에 집중해야 한다. 투자 시간 대비 효과를 극대화할 수 있는 제대로 된 전략이 필요한 이유다. 이 책이 세상에 나온 이유이기도 하다.